사회복지 신학

社會福祉の 神學
copyright ⓒ Akiie H, Ninomiya, 1993
Originally published in Japan by 日本基督敎出版局

사회복지 신학

지은이 · 아키이에 · H. 니노미야
초판 1쇄 펴낸날 · 1999년 11월 12일
초판 2쇄 펴낸날 · 2001년 4월 30일
펴낸이 · 김승태
편집 · 예영커뮤니케이션
표지디자인 · 김지혜
등록번호 · 제2-1349호(1992. 3. 31)
펴낸곳 · 예영커뮤니케이션
　　　　110-616 서울 광화문 우체국 사서함 1661
　　　　출판유통사업부 T. (02)830-8566 F. (02)830-8567
　　　　　　　　E-mail: jeyoungsales@chollian.net
　　　　출판사업부 T. (02)2264-7211 F. (02)2264-7214
　　　　　　　　E-mail: jeyoungedit@chollian.net

ISBN 89-8350-167-7 03230

값 5,000원

■ 잘못 만들어진 책은 언제든지 교환해 드립니다

장애를 가진 사람들의 생활의 질

사회복지 신학

아키이에 · H. 니노미야 지음 / 전광현 옮김

예영커뮤니케이션

■ 추천사

　1981년, '국제 장애인의 해'에 국제연합은 "장애인이나 노인을 내쫓는 사회는 무르고 약한…"이라고 선언하였다. 사회가 장애인이나 노인을 내쫓는 조건은 세 가지로 볼 수 있다. 첫째는 제도의 벽, 둘째는 물질의 벽, 셋째는 마음의 벽으로 이 벽은 대단히 두껍고 단단하다. 본서의 집필 동기는 이러한 벽이 어떻게 발생했으며 또 원인이 무엇인지를 분석하여, 어디에서부터 어떻게 이 벽을 무너뜨려 장애인을 자유롭게 할 수 있는가―그것은 곧 장애를 갖지 않은 사람의 해방과 동의(同意)이다―에 그 동기가 있다.

　제2차 세계대전 후, 재활(rehabilitation)의 개념이 도입되어 의학적, 사회적, 직업적 분야에서 눈부신 발달을 이루었다. 그러나 재활을 기능적 회복으로 인식하여 장애인을 사회에 적응시키는 것에 의의를 두고 재활만을 원조하여 왔다. 그리고 법에도 "신체장애인은 스스로 그 장애를 극복하여 자신의 능력을 활용함으로써 사회 및 경제 활동에 참가할 수 있도록 노력하지 않으면 안 된다"라고 당사자의 노력을 규정하였다. 그래서 지금까지 사회복지는 인간의 최저 생활을 보장하는 것, 즉 '생존'의 확보에 주력해 왔다. 그리고 시대의 요청에 따라 생산

사회의 요구에 더 많은 힘을 기울여 왔다고 볼 수 있으며 저자가 지적하는 기독교 사회복지도 결코 예외가 아니다.

재활은 원래 교회에서 쓰이는 용어로, 본서에서의 저자는 기능의 교정이 아니라 인간성 그 자체의 회복을 의미한다고 주장한다. 왜냐하면 교회는 중생, 다시 말해 인간의 전인적 복권을 지향하기 때문에 장애인 복지야말로 교회가 깊이 관계하여 기독교 사회복지를 실천해야 할 과제임이 분명하기 때문이다. 또한 정상화(normalization)는 "장애인이 사회에"가 아니라 "사회가 장애인에게" 적응하는 것을 전제로 한 공존사상이라는 것에 주목해야 한다. 실존이란 단지 생존하는 것만이 아니라 보다 나은 삶을 추구하는 것이라고 한다면 영혼의 문제를 생각해 보지 않을 수 없을 것이다. 그래서 본서는 생존 단계에 의하여 장애인 문제를 '실존'의 차원으로 높임과 동시에 그것을 가능하게 하는 사회 구조를 만들지 않으면 안 된다고 제언하고 있으며, 또한 해방신학의 등장을 재촉하는 배경이 되고 있다.

인간은 원래 더럽고 추하고 악한 것을 좋아하지 않으며 황금과 권력과 명예를 싫어하지도 않는다. 그리고 힘과 부와 효율의 원리가 지배하는 사회에서는 장애인을 소위 사회적 약자나 보호 대상으로 보고 있는데, 이러한 편견은 무덤의 차별에까지 미치고 있다. 예를 들면 '정신박약'이란 용어가 그것을 말해 주는데, 지적 능력이 떨어지는 것에 대하여 인간의 존엄성을 나타내는 정신이 약하고 부족한 것으로 단정을 내리고 멸시해 온 것이 현재 우리 사회의 실정이다. 저자는 이러한 현실에 대해 감히 도전해 보고자 하는 것이다.

저자는 "해방이란 자기를 절대화하는 죄를 그리스도의 구속하심으로 사함을 받아 이웃을 사랑하며 사는 것"이라고 말하고 있다. 또한 진정한 해방이란 자신을 이웃에게 개방함으로써 이웃이 살고 자기도 변화되어 상호 인격적으로 성장하는 것이며, 또한 그것은 개인의 문제인 동시에 사회의 책임이므로 죄를 극복하여 새로운 사회 시스템(system)을 구축해 나가는 것이 필요하다고 말하고 있다.

사회복지는 오랫동안 신학의 영역 속에 들어 있었는데, 1932년에 라인홀드 니버(Reinhold Niebuhr)가 "교회는 자선사업의 어머니에서 벗어나 성실함을 잃었다. 그러므로 사회사업의 세속화는 필연이다"라고 말함으로써 사회 전체의 문제로 표면화되는 듯했다. 그러나 1950년대에 폴 틸리히(Paul Tillich)가 양자의 연결을 시도한 것 외에 현저한 성과가 발표되지 않은 것은 말할 것도 없고 장애인 문제가 직접 신학에 의해 문제가 제기될 기회조차 없이 오늘에 이르고 있다.

그리고 이제 해방신학의 시대를 맞아 장애인이 안고 있는 고뇌를 피해 지나갈 수 없게 되었다. 그런 의미에서 본서는 장애인에게 초점을 맞춰 신학적으로 고찰함으로써 특히 QOL(생활의 질; Quality of Life)의 가치를 강조하고 있는 획기적 연구라 할 수 있다.

인간은 자신을 약한 존재로 인정할 때 하나님의 은혜로 채워지게 된다. 그러나 스스로를 강하다고 자만할 때 자기 자신조차도 잃게 된다. 그러므로 이 진리 위에 서서 약함을 짊어지는 강함에 희망을 두고 장애를 가진 사람과 가지지 않은 사람이 서로 풍부한 은혜 가운데 함께 사는 길을 모색하는 것이 앞으로 연구해야 할 구체적인 과제가 아닐까 생각한다.

저자는 여기서 1963년 워싱턴 행진(Washington March)에서 흑인의 시민권을 요구하는 마틴 루터 킹(Martin Luther King) 목사가 남긴 말을 상기한다.

"나에게는 꿈이 있습니다. 언젠가 나의 아이들이 피부 빛깔이 아니라 인격의 깊이로 평가되는 그 날이 올 것을….”

기독교인으로서 성실하게 장애인 복지에 헌신하고 있으며, 일본뿐 아니라 널리 세계를 무대로 실천과 연구를 통해서 '치료하는 복지 선교' 에 힘써 온 저자의 한층 더 높은 연구를 기대한다.

1993년 7월

요코스카 기독교사회관 관장 아베시로(阿部志郎)

▌개요

    일본의 기독교 사회복지의 실천은 산업화나 기술 발달 등 사회의 변화에 따라서 새로운 방향을 찾지 않으면 안 된다. 해방신학은 기존의 질서에 대하여 비판적이면서 거리를 두고 해방과 정의를 위한 새로운 운동을 구축해 나가는 것이다. 본서에서는 해방신학의 가치관을 분석하여 그것을 일본의 장애를 가진 사람들이 직면하고 있는 현실에 어떻게 적용할 것인지를 살펴보고자 한다.

    1장에서는 해방신학과 거기에서 볼 수 있는 장애에 대한 가치관에 대해서 고찰하였으며, 생활의 질을 기본으로 가치관을 분석하였다.

    2장에서는 일본의 사회 변화와 전통적인 가치관에 대해 개관하고 있다. 일본의 전통적 종교인 불교와 신도는 양쪽 모두가 장애를 가진 사람들에 대하여 차별을 조장하고 있다. 또한 산업화와 동반하여 종래와 다른 차별이나 소외현상이 발생하고 있는데, 그것은 장애를 가진 사람들을 비생산적인 존재로 보기 때문에 생기는 차별이다. 기타 의료기술이 사회복지 체계 안에서 인간 관계를 차단한다고 말하는 상황이 발생한다 해도 장애와 의료기술에 대한 가치관은 검토할 필요가 있다. 이러한 점들을 근거로 하여 현재 일본의 사회복지 체계를 분석하고 새로운 전망을 탐색해 보았다.

3장에서는 생활 주기의 관점에서 장애를 가진 사람들에 대해 분석을 시도하였다. 장애를 가진 사람들을 분석하는 데에서 가장 중요한 것은 사회심리적인 인격의 발달이라는 관점에서 분석하는 것이다.

생애 구조의 각 단계에 따라 간단히 살펴보면 다음과 같다.

① 태아기—의료기술이 진보한 결과로 가족이나 이웃으로부터 소외와 분리가 진행되는데, 그것이 인격 발달에 어떤 영향을 주는가와 DNA 검사와 중절에 대하여

② 탄생기—의료기술 체계와 후각, 청각, 시각, 스킨십 등의 감각과 인격 형성의 관계에 대하여

③ 유아기와 조기 아동기—일본의 서구화와 새로운 현상에 대하여

④ 유희기와 학령기—일본의 교육 제도와 장애를 가진 아동의 소외 상황에 대하여

⑤ 청년기—장애라는 핸디캡을 가진 사람들이 어떻게 정체성을 형성하여 가는가에 대하여

⑥ 성인기—시설에서의 생활과 가족으로부터의 소외에 대하여

⑦ 성숙기와 종말기—격리되고 소외된 비인간적인 생활 속에서 죽음을 맞이하는 것에 대해 논한다.

마지막 결론으로는 실천에 있어서의 세 가지 단계에 대하여 논하고자 한다. 첫째로 개인 내면의 단계(intra—personal level)에서는 자기 해방과 운동에의 참가에 대하여, 둘째로 인간 관계적 단계(inter—personal level)에서는 교회에서의 세례와 장애를 가진 사람들을 기독교적인 공동체로 통합해 가는 교회의 공동체성에 대하여, 셋째로 대사

회 단계(meta—personal level)에서는 소비자 운동이나 자립생활 통합 운동에 의한 사회 구조의 변혁과 공동체를 기반으로 한 재활 체계에 대하여 각각 언급하고 있다.

▌ 서문

1989년 4월 21일, K군이 부친에 의해 살해되었다. 그는 그 때 스무 살의 청년으로 가족과 함께 살면서 사지마비의 중증 장애 때문에 고베시에 있는 A원의 데이 케어 센터(day care center)—A원의 데이 케어는 재택 생활을 하는 장애를 가진 사람들을 위하여 설립되어진 것으로 고베시에서 처음으로 시작된 프로그램이다—에 다니고 있었다.

그의 부친은 정년 퇴직한 뒤 재취직을 하였지만, 곧 간에 이상이 생겨 입원을 하게 되었고 병세가 너무 나빠 비관하고 있었다. 앞으로 일을 할 수 없을 것이라는 의사의 진단과 수입은 거의 기대할 수 없는 상황에서 그는 자기의 병과 싸워야 했고, 장애를 가진 아들도 돌봐야 하는 현실만이 남아 있었다.

그러던 어느 날, K군의 아버지는 몰래 병원을 빠져 나와 집으로 와서는 부엌에서 식칼을 꺼내 들고 휠체어에 앉아 있는 K군을 현관까지 데리고 가서 가슴을 찔렀다. K군은 신체적으로 장애가 있었지만 지적으로는 멋있는 청년이었는데, 그는 부친에게 저항할 기회조차 없이 죽고 말았다. 그리고 아버지는 자살을 시도했지만 실패하여 체포되었고 재판에서 집행유예를 선고받았다.

그 당시 A원의 목사이자 감독이었던 필자는 심각한 죄의식을 느꼈다. 이 사건은 K군 아버지의 잘못만이 아니라 필자나 센터에 관계된 모든 사람과 관련 있는 사건이었는데, 필자나 관계자들은 K군과 그의 어머니만 접촉하였기 때문에 아버지가 어떠한 상황에 놓여 있는지 전혀 몰랐을 뿐 아니라 관심조차 갖지 않았기 때문이다. 더 나아가 일본의 사회 구조가 K군의 가족을 붕괴로 내몰았다고 말할 수 있다. 다시 말해서 사회의 죄가 이 비극을 만들어 낸 것이다.

이 일로 말미암아 이러한 문제를 해결하기 위해 기독교 가치관에 따라서 장애를 가진 사람의 생활 주기를 분석하고, 일본에서 기독교 사회복지(social work)가 나아가야 할 방향을 탐구해 왔었다. 그리고 지식을 탐구하는 것과 오랫동안 경험을 쌓는 가운데 인생에 있어서 대단히 많은 것들을 배웠다. 그리고 일본, 캐나다, 아시아 등 여러 나라의 장애를 가진 친구들과 만났던 경험들이 본서를 쓰는 데 많은 도움과 깊은 통찰력을 얻는 계기가 되었다. 특히 친구들의 깊은 고통과 고독으로부터 나오는 소리들은 내게 정의를 추구하려는 용기와 사랑 그리고 힘이 되어 주었다.

나의 은사인 심리신학자 D. J. 그리브 박사와 사회신학자이신 R. C. 크로스만 박사로부터 많은 암시를 받았다. 또한 본서의 집필에 많은 도움을 준 R. A. 캐리 박사, 교정을 해 준 D. 말드나드 여사, 원고를 입력해 준 K. 라기 여사에게도 감사의 뜻을 표한다.

마지막으로 나의 생애에 가장 좋은 파트너이자 가장 사랑하는 아내 마시에게 감사의 말을 보내고 싶다. 그녀의 아낌없는 노력을 통해서 나는 사랑과 정의를 추구할 수 있었으며, 그녀의 도움이 없었다면 본서를 쓸 수 없었을 것이다. 우리들의 경험으로 확신하는 것은 사랑은 정의를 통해서 사람들을 해방하는 힘이 된다는 희망을 준다는 것이다.

▌목차

■ 추천사 · 5

■ 개요 · 9

■ 서문 · 12

1 신학적 접근 · 17

1. 해방신학 · 17

2. 가치관의 분류 · 23

3. 장애에 대한 성서의 가치관 · 28

4. 생활의 질 · 35

2 사회 변화와 장애에 대한 사회적 가치관 · 43

1. 종교와 차별 · 43

2. 산업화와 차별 · 47

3. 의료기술과 차별 · 49

4. 사회복지 제도와 차별 · 52

3 **장애를 가진 사람의 생활 주기의 분석 · 59**

1. 생활 주기 이론의 소개 · 59

2. 생활 주기의 각 단계 · 62

4 **예수에 의한 재활의 실천 · 97**

1. 개인의 내면적 재활 · 105

2. 인간 관계적 재활 · 108

3. 대사회적 재활 · 112

■ 저자 후기 · 121

■ 역자 후기 · 127

■ 참고문헌 · 131

■ 제1장 신학적 접근

역사상 교회는 교회를 신성하고 거룩하며 세속과 구별시킴으로써 인간의 괴로움을 무시하여 왔다고 할 수 있다. 전통적으로 교회는 권력의 상징이기도 했으며, 교회는 본질적으로 구제를 배제하여 베풂을 행치 않았던 것으로 간주되고 있다. 뿐만 아니라 전도를 통해 많은 이교도가 개종한 점을 볼 때 양적 확대에 기초를 두어왔다고 말할 수도 있다.

1. 해방신학

해방신학은 모든 세계는 신성하며 신에 의해서 창조된 것임을 강조한다. 모든 인간은 신의 형상대로 만들어졌기 때문에 이웃 사랑, 특히 억압된 사람들을 사랑해야 한다는 것이 가장 중요한 메시지이다. 그러므로 진실한 구제라는 것은 그 내용이 중요하며, 생활의 질을 분석하는 데 있어 진실은 공정함의 실천적 척도가 된다.

죄는 궁극적으로 소외나 고독을 조장시키는데, 인간은 세 가지 단계에서 죄를 짊어지고 있다 .

(1) 개인의 내면(Intra-Personal) 단계—본능, 초자아, 자아로 구
     성되어 있는 개인의 죄
(2) 인간 관계적(Inter-Personal) 단계—이웃과의 관계를 통해서
     야기되는 죄
(3) 대사회적(Meta-Personal) 단계—사회, 국가, 세계의 구조에
     존재하는 사회적 죄

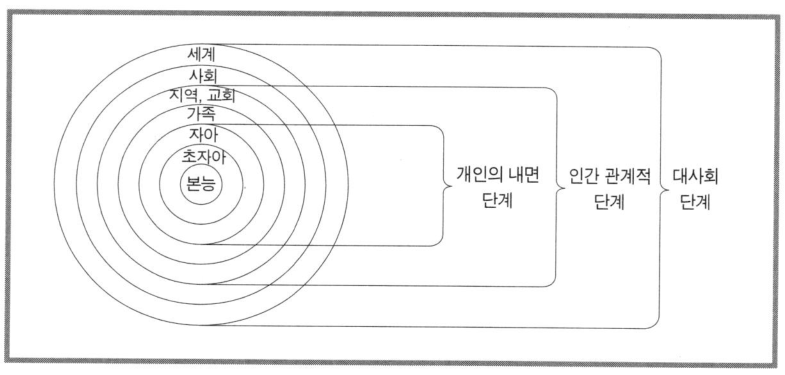

〈그림 1〉 죄의 세 가지 단계

일반적으로 일본인의 장애에 대한 태도는 개인의 내면 단계에서부
터 부정적이며, 장애는 죄의 결과라고 가르쳐 왔다. 더구나 산업화 사
회에서 장애는 비생산적인 것과 동일시되기 때문에 자아 단계에서 더
욱 부정적 가치관을 가져온다. "부모를 발길질하면 발이 오그라져 버
린다"고 부모가 아이를 꾸짖고 있는 광경을 볼 때가 있다. 또한 "나쁜
것을 보면 눈이 먼다"거나 "바보는 죽기 전에는 고칠 수 없다"는 등의
표현을 함으로써 장애에 대한 부정적 가치관을 아이의 초자아에 이식
한다. 특히 자아 정체성(Self Identity)을 확립하는 십대에 있어서 장애

를 가진 청소년을 구별하여 부정적인 정체성을 갖게 하는 경우가 많다. 그 결과로 인간 관계적 단계에서 장애를 가진 사람들과 관계되는 것을 거부하는 일이 종종 일어난다.

일본의 교육 제도에서 장애를 가진 아이는 교육을 받을 권리가 없었던 때가 있었다. 그러던 것이 1979년에 양호학교 교육의 의무제가 실현되면서 전원 취학의 권리를 보장받을 수 있게 되었지만, 장애를 가진 아동이나 학생을 일반 교육 제도로부터 격리시키는 것은 사회에 대해 부정적인 가치관을 갖게 했다. 이것이 대사회적 단계에서의 부정적 가치관이다.

그레고리 바움(Gregory Baum)[1]은 대사회적 단계에서 죄를 네 가지로 유형화하였다.

첫째, 사회적 죄는 집단생활을 지탱하는 사회적, 경제적, 종교적 혹은 그 밖의 여러 가지 제도에서 나타나는 불공평하고 비인간적인 취급에 의해 발생한다. 1970년대 초, 일본 후생성은 장애를 가진 사람들을 입소 시설에 수용하는 정책을 세운 이후로 아직까지도 장애를 가진 사람들을 시설에 수용하는 것에 중점을 두고 있다. 결국 장애를 가진 사람들은 사회에 동화되지 못한 채, 그들의 인간성이나 인간으로서의 존엄성이 부정되고 있다.

둘째, 사회적 죄는 문화적, 종교적 상징에 의해 만들어진다. 이것은 무의식적으로 사회에 의해서 조장되는 것이다. 또한 '시설 수용주의'라는 불공정을 정당화하고 더욱 강화하여 많은 사람들에 대한 피해를 증대시키는 것이다. 일본의 불교 사상은 장애를 죄의 결과라고 가르치고 있다. "나쁜 짓을 하면 벌을 받아 장애인이 된다(인과응보)", "저 가

---

1) Gregory Baum, *Religion and Alienation; A theological reading of sociology*, pp. 193~226.

계에는 더러운 피가 흐르고 있기 때문에 장애아가 태어났다"라는 것
등이 그것이다.

셋째, 사회적 죄는 이러한 제도나 이데올로기(Ideology)에 근거한
오해를 통해 생기는데, 마치 옳은 일을 하고 있는 것 같은 오해를 함으
로써 오히려 장애인에게 유해한 행위를 할 수도 있다.

산업화된 일본 사회는 경쟁을 통한 지배 문화의 달성을 지향한다.
그래서 일본에서는 장애를 가진 아이를 일반 교육 제도 속에 통합시키
는 것을 반대하는 부모들이 많다. 그것은 부모들이 장애를 가진 아이
를 일반 교육 제도 속에 넣으면 질서가 흐트러져 버릴 것이라고 마음
속으로 믿고 있기 때문이다. 그런가 하면 1970년 이래 장애를 가진 사
람들을 입소 시설에 수용해야 한다는 생각을 가진 기독교인들도 있었
다. 장애인들에겐 장애를 가진 사람들만으로 이루어진 공동체가 유토
피아(Utopia)일 것이라고 믿었던 것이다. 그리고 그 곳에는 차별이 존
재하지 않을 것이라는 생각 속에 실제로 기독교인에 의해서 건설된 입
소 시설도 있었다.

마지막으로 사회적 죄는 집단 결정에 의해 만들어지고 비뚤어진 의
식에 의해서 만들어진다. 이 사회적 죄는 사회에 불공정을 증대시켜
비인간적인 권력을 강화한다. 일본에는 장애를 가진 학생의 입학을 거
부하는 기독교계 학교가 있다. 그러나 그들은 거부한 것이 아니라 그
학생이 시험에 합격하지 못했기 때문이라고 변명을 했다. 하지만 장애
를 가진 대부분의 학생들은 제대로 교육을 받을 기회가 거의 없기 때문
에 시험을 잘 치를 수 없었을 뿐이지 능력이 없어서가 아니다. 결국 이
것은 사회적 차별의 소산이다. 기독교 학교는 기독교적 원리나 가치에
근거한 교육을 실시한다는 목적을 가지고 설립된다. 그러나 실제는 그
것에 의하여 기업형 전사를 육성하고 있다. 학교의 이사나 교사가 정

당한 이유 없이 장애를 가진 학생의 입학을 거부하는 것은 죄이다. 분명히 개인적인 죄가 사회적 죄를 만들어 내고, 그것이 점차 확대되고 있는 것이다.

하나님의 구원은 이와 같은 세 가지 단계의 죄 위에 나타나 있다. 전통적으로 인간의 죄는 개인의 내면 단계이나 인간 관계적 단계의 관점에서만 논의되었는데, 이제는 대사회 단계—사회·정치적 죄—에 관해서도 인식할 필요가 있다. 또한 그것에 대한 구원도 존재하므로 신학에서도 사회적, 경제적, 정치적 분석은 기본이다. 과거의 신학은 교리(Dogma)를 만들어 교조적인 가치관에 따라 인간상을 만들었다. 그러나 신학은 역사적으로 인간과 사회의 변화에 맞춰 변화하여야 하며, 변화에 맞춰 기독교 가치관에 근거한 인간 사회의 실현을 고무하는 정신이 존재한다는 것을 인식할 필요가 있다.

구스타보 구티에레즈(Gustavo Gutierrez)는 교회를 역사적으로 분석하여 정당한 실천으로서의 해방신학의 중요성을 다음과 같이 지적하고 있다.[2] "교회는 수세기 동안 진리(윤리적 가치)를 이론화하는 것에 너무 치중한 나머지 세계를 개선해 가려는 시도를 거의 하지 않았다." 따라서 개인의 내면 단계, 인간 관계적 단계, 대사회 단계에서 신학적으로 실천해야 할 필요가 있게 되었다. 그러므로 기독교인이 사회·경제·정치적 활동에 참가하는 것은 예수 그리스도가 정의를 실현한 사실을 알게 하는 책임이다. 그래서 해방신학은 뭉개진 인간의 존엄성에 대해 사람들에게 항의함으로써 역사를 바꿔, 장애를 가진 사람들을 차별하거나 격리하는 것에 대항하고 공평과 인간성이 넘치는 이웃 사랑으로 가득찬 사회 건설을 구현하고자 한다.

---

2) Gustavo Gutierrez, *A Theology of Liberation*, p. 10.

성서에서 보면 하나님은 현존하는 신이며, 그에 의해 창조와 구원의 밀접한 관계가 확립된다. 그리고 출애굽의 역사적 해방에서 볼 때 이스라엘의 해방은 정치적인 행동이었다. 그것은 약탈이나 고난으로부터의 탈출이자 공평한 이웃 사랑이 실천되는 사회 건설의 시작이기도 하다. 애굽의 이스라엘인은 사회·경제적인 장애를 가진 사람이고(대사회의 죄), 야훼(Yahweh)는 그들을 애굽에서 약속한 땅으로 인도해 낸(대사회적 구원) 해방자이다.

복음서에 나타난 그리스도의 말씀에는 죄나 차별, 불공정, 혐오스러운 일들을 내어버리고 죄로부터 어떻게 해방될 수 있는지에 대해 기록되어 있다. 이상의 모든 귀결로부터 '해방시키는 것'이야말로 살아계신 그리스도의 성과이다. 바울 서신의 주요한 주제는 사랑에 의한 인간성의 해방과 기독교 실천의 기초이며, 하나님은 모든 역사상에서 크고 위대한 존재라는 것이다. 신앙은 하나님에 대한 인간의 전체적인 반응이며, 하나님은 사랑을 통해서 인간에게 구원을 주신다. 그러므로 인생을 대하는 태도를 좋게 바꿀 때 비로소 신앙을 이해할 수 있게 된다.

성서에 그리스도는 우리들을 죄로부터 구원하여 자유를 주신다고 기록되어 있다. 구세주 그리스도는 모든 악의 근원인 죄로부터 인간을 해방시켜 사람들을 자유케 하셨다. 다시 말해서 예수는 지역 사회의 사람들이 자기와 함께 생활하는 것을 가능하게 하셨는데, 이것이 인간 공생의 기초가 되었다.

따라서 다음에는 성서의 가치관, 사회·경제·정치적 가치관 그리고 실천의 관계에 대해서 검토한다.

2. 가치관의 분류

가치관에는 다음 세 가지 단계가 있다.

· 성서에 있는 보편적 가치관(단계 A)—연속성의 원리에 따른 보편적 가
   치관은 인류사상을 통해서 우리를 종말 세계에까지 이끈다.
· 상황적 가치관(단계 B)—사회적 · 경제적 · 정치적 · 철학적 · 인도주의
   적 가치관으로 상황을 구성하는 여러 가지 요소의 변혁에 기인한다.
· 현실적 가치관(단계 C)—사회적 · 경제적 · 정치적 참가이며 실천이다.

(1) 단계 A
성서에 있는 보편적 가치관은 모든 문화를 포괄하며 역사를 초월한
다. 성서는 창조주에 의해 기록된 약속의 책이고, 또한 하나님에 의한
사랑과 정의의 계시이자 역사에 있어 인류의 존재와 행동에 용기와 힘
을 주는 근원이다. 성서에서 보면 예수 그리스도는 소외와 고립과 비
인간적 대우 등 불공정한 상황에 있는 장애를 가진 사람들을 포함한 모
든 사람들을 해방시킨다. 그리스도는 장애를 가진 사람이나 갖지 않은
사람들 모두에게 진정한 자유를 주며, 그리스도와 교제를 가지고 살아
가도록 하셨다. 이것이 모든 인간애의 기본이다. 인류는 하나님의 창
조로 만들어졌고 창조자의 일부이기도 하다. 그렇기 때문에 "네 이웃
을 네 몸과 같이 사랑하라"는 말씀이 중요한 가치관이 되어진다. 여기
서 말하는 이웃이란 기독교인은 물론 모든 인간을 의미한다.

(2) 단계 B
인간의 모든 경험은 사회적인 관계에 기초를 두고 있다. 따라서 인

간의 존재는 정치적이며 또한 경제적이다. 상황적 가치관은 사회 속에서 찾을 수 있으며, 탄생, 성장, 죽음, 부활이라는 과정 속에서 착실히 변화하고 있다. 이와 같은 가치관은 정치·경제나 이데올로기 등으로 알려져 있다.

인류의 역사는 종말 세계에까지 이르는 인간 해방의 과정이다. 이 역사적 과정에서 인류는 자기의 운명에 대한 책임을 의식적으로 떠맡고 있다고 볼 수 있으며, 이와 같이 이해함으로써 역동적인 상황을 가져와 새로운 변화의 지평을 개척하게 된다. 인류는 생활이나 역사를 통해서 인간애를 창조한다. 진실은 진실이나 정의를 서서히 달성하여 가는 것으로 인류는 태어나고 변함으로서 질적으로 다른 사회가 완성되는 것이다.

상황적 가치관은 다음과 같다. ① 이데올로기, ② 과학적 분석(사회학, 심리학, 생물학, 생태학 등), ③ 기술, ④ 문화와 전통, ⑤ 종교, ⑥ 인권, ⑦ 평화 운동이다.

이 가치관은 사회, 경제, 정치, 문화에 의해서 항상 역사의 과정 안에서 변화하고 있다. 다시 말해 인간 상황에 대응하여 만들어진 구조적 가치관이다.

(3) 단계 C

현실적 가치관은 그 자체가 인간의 정치적, 경제적 생활이고, 억압되어 있는 사람들의 열망을 나타내며, 해방을 향한 실제적이고 현실적인 실천이다. 이 단계에서는 권력을 가진 억압 계급과의 대립에 사람들을 던져 넣는 경제적, 사회적, 정치적 과정을 비판의 눈으로 볼 것을 강조한다.

일본에서는 장애를 가진 사람을 차별하고 격리하는 현실을 얼마든지 볼 수 있는데, 교육에서의 분리 제도나 고용에 있어서의 차별 및 차별과 격리에 의한 고통과 죽음 등이 있다. 그러므로 장애를 가진 사람들은 피억압 계급에 속한다고 말할 수 있다. 인간은 자기의 경험에 의해 자기 안의 초자아 단계에 의한 차별적 태도를 인식하는 것이 필요하며, 그 차별적 태도는 일상적으로 사용하는 말 속에서도 흔히 발견할 수 있다. 예를 들면 '불구', '백치', '병신' 또는 '장애인' 이라는 말 자체가 차별적 가치관을 포함하고 있다. 때문에 개인의 내면 단계에서 자기 해방을 계속하여 갈 필요가 있다. 필자도 이것을 깨달아 자신을 차별에서 해방시킴으로써 장애를 가진 사람들이나 그 가족과의 인간 관계가 변화되는 경험을 하기도 했다. 필자는 재활 프로그램에서 장애를 가진 클라이언트(Client)를 지배하는 입장에 있었는데, 클라이언트가 자신에 관한 것을 결정할 수 있도록 재활 체계를 바꿈으로써 필자의 역할은 지배적인 입장에서 원조적인 입장으로 바꿀 수 있었다. 실제 인간 관계적 단계에서 차별이나 격리로부터의 해방에 참여하기 시작하였고, 점차 장애를 가진 사람들을 소외시키고 차별하고 억압하는 사회·경제·정치적 제도에도 관계할 필요성을 깨닫게 되었다.

이처럼 세 가지 단계는 서로 깊은 관계가 있으며, 세 가지 단계가 전부 포함된 복잡한 과정에서는 기독교 사상으로 대응함에 있어서 깊은 의식과 충분한 인식이 필요하다. 그러므로 포괄적인 견해를 갖기 위해서는 세 가지 단계 모두를 연결된 하나의 과정으로 생각해야 한다는 것이 전제이다.

(4) 세 가지 해방 윤리 단계

윤리가 실천으로 이행되는 과정은 다음과 같다.(〈그림 2〉 참조)

① 실천의 현장(단계 C)—인간의 아픔, 괴로움, 억압, 차별로부터의

구원

② 아픔, 차별 등이 생기는 사회 · 경제 · 정치 · 문화 구조(단계 B)의 과학적 분석과 그러한 죄가 발생하는 것에 대한 원인 해명

③ 성서적이고 보편적인 윤리에 의한 교리(단계 A)와 대조한 단계 B 본연의 자세의 계시

④ 단계 A의 윤리 기초의 해방을 향한 새로운 단계 B, 즉 사회 · 경제 · 정치 · 문화 구조의 해방을 향한 윤리(단계 B′)

⑤ 단계 B′에 대한 해방 윤리 구조의 실천(단계 C′)

⑥ 해방을 향해 사회를 변혁하는 정치 · 경제 · 문화 구조의 과학적 분석과 죄의 원인에 대한 해명(단계 B″)

⑦ 다시 단계 A의 성서적 · 보편적 윤리와 교리에 의한 참된 길, 정의에 대한 방향성 계시(단계 A)

⑧ 단계 B″보다 더 발전된 해방을 향한 사회 · 경제 · 문화 구조의 변혁(단계 B‴)

⑨ 단계 B‴에 근거한 해방의 실천(단계 C″)

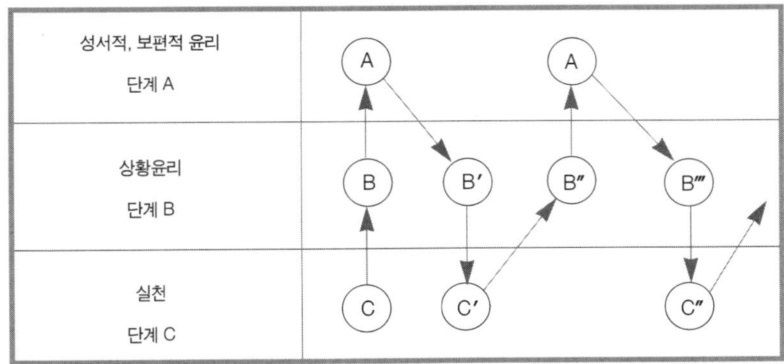

〈그림 2〉 해방 윤리의 3가지 단계

전통적으로 신학은 단계 A에서 인간의 행동, 즉 단계 C를 정의화(定議化)하였다. 다시 말해 인간의 행동을 제한하는 경향이 있었다. 성서에서는 "살인하지 말라"고 말하고 있는데 반해, 기독교를 반대하는 이교도는 죽여도 괜찮다는 식으로 성서적인 가치관에 정치 · 경제 · 문화적 이데올로기를 접목시켜 신학화(교리화)하였다. 실제로 정치 · 경제적 요소(단계 B)를 원인으로 많은 종교전쟁에서 신의 이름으로 살인이 버젓이 행해졌었다. 이러한 신학(교리)은 인간을 형식에 얽매이게 해서 인간의 자유와 정의를 파괴할 가능성을 가지고 있다. 실제 장애를 가진 사람들은 도시에 살면서 일하기 힘들고 차별이 심하므로 장애인들만의 집단 거주지(colony)를 만드는 것이 이웃 사랑의 실천이라고 생각하는 기독교인들도 있다. 그러나 이것은 단계 A에서 단계 C로 건너 뛴 행동으로, 단계 B에 있는 장애를 가진 사람들의 사회 · 경제 · 정치 구조를 무시한 것이기 때문에 사회적 단계의 죄를 짓는 것이다.

그러나 그리스도의 해방은 실천(단계 C)을 통해 실제로 아픔에 접하여 그 아픔을 공유하는 것으로부터 시작된다. 그것은 장애를 가진 사람의 이웃이 되어 단계 B의 장애를 가진 사람이 처해 있는 사회, 경제, 정치, 문화를 분석하고, 그 차별과 억압의 구조를 해명하여 단계 A의 성서에 비추어 계시해 갈 것을 요구하는 것이다. 그것을 잘 설명해 주는 예로 시각 장애를 가진 필자의 친구가 경험한 다음과 같은 얘기가 있다.

어느 날 그가 교차로에 서서 친구를 기다리고 있을 때였다. 어떤 여성이 그가 흰 지팡이를 들고 있는 것을 발견하고는 마음 속으로부터 그를 도와야겠다고 느낀 것이다(단계 A). 그리고 그녀는 그의 손을 잡아 길을 건널 수 있도록 도와 주었는데(단계 C), 실제로 그는 길을 건널 생각으로 그 곳에 서 있었던 것이 아니었다. 그 여성은 그에게 도움이 필요한지 어떤지 묻지도 않고 자신의 생각대로 행동했으며(단계 B), 그

는 원래 장소로 되돌아가기 위해서 위험을 무릅쓰고 다시 길을 건너야
했다.

또한 장애를 가진 사람들을 집단 시설에 수용하는 것은 인간 관계적
단계에서 선행(단계 C)이라고 하는데, 집단 시설에의 수용은 사회와의
격리와 분리를 만들어 내는 죄악(단계 B)에 지나지 않는다. 그렇기 때
문에 정의를 추구하는 데 있어서 사회과학적인 분석이 중요시된다.

한편, 사상가(단계 B)는 성서적이고 보편적인 가치(단계 A)를 무시
하기 때문에 실천(단계 C)하는 데 있어서 과오를 범하게 된다. 그것은
성서적이고 보편적인 가치(단계 A)에 의해 사회나 역사가 바뀌어 가는
과정 속에서 전체적인 연속성이 발생하고 종말 세계를 향해 사람들을
희망적으로 이끌기 때문이다.

3. 장애에 대한 성서의 가치관

하나님의 아들인 예수 그리스도는 역사적으로도 거룩한 인물로 추
앙받으며, 그가 시작한 해방을 위한 행위는 역사의 흐름 가운데 그야말
로 인간애의 중심이 되었다. 역사상 사회 구원을 위한 싸움에서는 구
제 사역이 중요한 위치를 차지한다.

예수 그리스도는 장애를 가진 사람들을 사회에 통합시키는 데 있어
인간의 존엄성과 평등정신으로 장애를 가진 사람들을 대하는 창조자
의 보편적 가치를 보여 주었다. 또한 예수 그리스도는 장애를 가진 사
람들을 격리, 고독, 굶주림, 고난, 억압, 무지로부터 구해냈다. 즉, 사람
들의 차별적 태도(개인 내면의 단계), 행동(인간 관계적 단계), 제도에

의한 사회적 차별(대사회의 단계)의 죄로부터 구원한 것이다.

'장애' 라는 말의 의미를 명확히하면 신체적, 정신적, 지적, 문화적, 사회적, 물질적으로 이익이 되지 못한다는 의미이다. 때문에 신체장애, 정신장애, 문화장애라는 여러 가지 장애가 존재하게 되었다. 말은 상징성을 띠며 그것에 의하여 이미지가 생기게 된다. 장애를 가진 사람들은 그동안 '병신', '백치', '바보', '미치광이' 나 때로는 '악마' 로까지 불려졌었다. 그 속에는 부정적이고 차별적인 이미지만 포함되어 있다. 그래서 최근에는 핸디캡 또는 장애인이라고 많이 하고 있지만 손발의 부자유한 점만 강조되고 인간성은 부정되고 있다. 따라서 '장애를 가진 사람' 이라는 말을 사용해야 한다. 그렇게 함으로써 장애보다 인간성이 강조되는 것이다.

성서에서 예수는 여러 가지 종류의 장애를 가진 사람들을 치료해 주고 있다.

① 신체장애—중증의 장애를 가진 사람, 간질(마 4:24), 한센씨병(마 8:1), 중증의 장애를 가진 사람(마 9:2), 눈이 부자유한 사람(마 9:27) 등

② 정신장애—귀신들린 자(마 4:24), 귀신들린 두 명의 가다라 사람(마 8:28)

③ 문화적 장애—매춘부(눅 7:37), 사마리아인 여자(요 4:1~26)

④ 사회적 장애—세리(눅 18:13)

⑤ 물질적 장애—가난한 사람(눅 16:20), 가난한 과부(눅 21:2)

마태복음 4장 23~25절에 보는 바와 같이 예수의 전도 방법은 실로 명확하다. "예수께서 온 갈릴리에 두루 다니사 저희 회당에서 가르치시며 천국의 복음을 전파하시며 백성 중에 모든 병과 모든 약한 것을

고치시니 그의 소문이 온 수리아에 퍼진지라 사람들이 모든 앓는 자 곧 각종 병과 고통에 처한 자, 귀신들린 자, 간질하는 자, 중풍병자들을 데려오니 저희를 고치시더라 갈릴리와 데가볼리와 예루살렘과 유대와 요단강 건너편에서 허다한 무리가 좇으니라”고 쓰여 있다. 이와 같이 장애를 가진 사람들은 제일 먼저 예수 그리스도의 가르침을 따랐다.

다음과 같이 예수는 세 가지 선교 방법을 쓰셨다.

① 여러 회당에서 가르치고—교회에서의 설교 등의 전도 방법이다. 이것은 현재 일본 선교의 중심이다.

② 천국 복음을 전파하고—전도집회나 간증 등 교회뿐 아니라 다른 넓은 지역에서도 하셨다. 일본에서는 노방 전도, 가정 방문 등의 형태로 되었는데, 현재는 주로 쓰는 방법이 아닌 것 같다.

③ 백성들의 모든 병이나 고통을 고치셨다—치료하는 선교야말로 기독교 사회복지의 선교의 중심 방법이다. 그것은 아픔과 괴로움으로 헐떡이는 사람들과 함께 그 아픔을 공유하는 일이기 때문이다.

여기에서 흥미가 있는 것은 이러한 세 가지 선교 방법의 결과 예수를 따른 사람들은 ‘여러 가지 병에 걸린 사람’, 신체적 · 정신적 · 사회적 장애를 가지고 있는 사람들 그리고 그들의 가족이나 친구들이었으며, 사회적으로나 경제적, 군사적, 지적으로 권력을 가진 사람들은 아니었다. 병들고 괴롭고 약한 자들, 다시 말해 예수의 선교를 받아들인 사람들은 모든 계층이라고 할 수 있다. 여러 회당에는 유대의 사회적 · 경제적 · 지적인 권력자도 있어 그들도 예수의 이야기를 들었을 것으로 추측된다. 또한 노방 전도에서는 그곳을 지나는 사람들을 향하여 말씀하셨을 것이다.

그러나 예수를 따른 사람들은 ‘고치심’을 받기 위해 모인 것이다. 그래서 예수의 선교 방법이 기독교 사회복지의 중심이 되었다. 예수의 선교는 '고치심'을 받기 위해 모인 사람들에게 하나님의 나라를 이야기하는 형식이다. 이 마태복음 4장 23~25절에 이어서 5장에는 "예수께서 무리를 보시고"라는 구절로 시작된다. 즉 병이나 아픔을 가지고 있는 사람들과 그들과 아픔을 공유하고 있는 사람들을 향하여 이야기한 유명한 산상복음이 계속된다.

"심령이 가난한 자는 복이 있나니"(마 5:3)

"애통하는 자는 복이 있나니"(마 5:4)

"온유한 자는 복이 있나니"(마 5:5)

"의에 주리고 목마른 자는 복이 있나니"(마 5:6)

"긍휼히 여기는 자는 복이 있나니"(마 5:7)

"마음이 청결한 자는 복이 있나니"(마 5:8)

"화평케 하는 자는 복이 있나니"(마 5:9)

"의를 위하여 핍박받는 자는 복이 있나니"(마 5:10)

눌리고 억압되고 소외된 고통 속에서 구원을 바라는 사람들의 자유함을 바라며 아픔을 가진 사람들과 같이 있는 사람들, 이런 사람들이야말로 천국에 있는 것이다.

이와 같이 예수의 선교 형식의 기본은 '고치심'과 '하나님 나라'의 복음을 전하는 것이 한 조로 되어 있다. 예수에게 고침을 받고 복음을 받아 들여 예수를 따른 사람들을 현대어로는 장애를 가진 사람들이라 할 수 있으며, 그 장애에는 사회적 장애, 경제적 장애, 신체적 장애, 지적 장애, 정신적 장애 등이 포함되어 있다. 그리고 그 장애를 가진 사람들과 함께 코이노니아(Koinonia)를 형성하여 가는 사람들이다.

예수의 선교 방법의 사례는 다음과 같다.

레위기 13장을 보면 나병은 죄의 결과로서, "문둥 환자는 옷을 찢고 머리를 풀며 윗입술을 가리우고 외치기를 부정하다 부정하다 할 것이요"라고 쓰여 있다. 그리고 병이 낫지 않는 이상 그는 부정한 사람으로 취급되고, 부정한 사람으로 진단되면 다른 사람들로부터 격리되어 마을에서 떠나지 않으면 안 된다. 사람들은 그들을 보거나 이야기하고 만지는 것이 금지된다. 결국 나병에 걸린 사람은 가족, 친구, 사회에서 격리되어 고독, 비참함, 억압, 곤궁한 생활을 하게 된다. 그런데 한 문둥병자가 예수 앞에 나아와 "주여 원하시면 저를 깨끗케 하실 수 있나이다"라고 호소하자 예수는 손을 내밀어 그의 병을 고치고 마을로 돌아 갈 수 있게 하셨다(마 8:2~4). 예수는 아픔을 가진 사람의 이웃이 되셨다.

고치심 가운데는 지붕의 기와를 벗기고 중풍병자를 침상 채로 무리의 한가운데로 달아 내린 사람들의 믿음을 보시고 병을 고쳐 주신 유명한 이야기가 있다(눅 5:17~26, 마 9:2~8). 여기서 현대 재활의 기본을 볼 수 있다.

첫째, 장애를 가진 사람과 관계된 친구의 신앙이 중요함을 보여 주고 있다. 이것이 기독교 의료나 사회복지 종사자의 신앙이다. 중증의 장애를 가진 사람과 아픔을 공유하며, 예수를 믿고 모든 노력을 하는 것이 고치심을 받는 근본적인 방법이다.

둘째, 예수는 장애를 가진 사람을 아픔에서 해방시켰다. "예수께서 저희 믿음을 보시고 이르시되 이 사람아 네 죄 사함을 받았느니라 하시니"(눅 5:20). 이것은 영혼의 고치심이다.

셋째, 장애를 가진 사람의 신체를 고치셨다. "일어나 네 침상을 가지고 집으로 돌아가라"고 말씀하시자 그는 곧 일어나 그 누웠던 침상을 가지고 집으로 돌아갔다. 이것은 신체적인 재활이다.

넷째, 그 고치심을 받은 사람이 집으로 돌아 간 것은 재활을 뜻한다.

이렇듯 재활의 최종 목표는 바로 시민성과 사회성의 회복이기도 하다.

기독교 재활은 장애를 가진 사람, 병든 자, 노인들을 집단 시설에 평생 수용하는 것이 아니라 인간성과 시민성의 회복을 목표로 한다. 즉 재활은 인간 해방의 수단이다.

예수는 장애를 가진 사람들 대부분을 해방시킨 후, 가족, 친구, 지역, 사회로 돌아갈 수 있게 격려하셨다. 또한 예수는 제자들에게 더러운 귀신을 내어 쫓고 모든 병을 고치는 권세를 주셨다(마 10:1, 눅 9:1, 막 6:7). 제자들도 아픔을 가진 사람의 이웃이 되는 선교를 할 수 있게 한 것이다. 이렇듯 선교는 사람들을 아픔으로부터 해방시킨다.

예수 그리스도의 이름으로 세례를 받을 때 하나님은 우리들에게 장애를 가진 사람들을 해방시킬 수 있는 힘과 권위를 주신다. 그렇기 때문에 기독교 사회복지의 중심 주제는 격리, 분리, 억압 또는 부당한 대우를 받고 있는 사람들의 이웃이 되어 그들을 해방시키는 것이다.

해방은 많은 사람이 구원받는 것을 기본으로 하여야 한다. 그것은 개인의 내면, 인간 관계, 대사회의 단계 전반에 걸친 전체적인 접근을 통해서만 해방시킬 수 있기 때문이다. 즉 기독교 사회복지에 관계된 사람은 자기의 내적 인격 속에 있는 차별과 죄로부터 자기를 먼저 해방시키지 않으면 안 된다. 이것은 자기 분석과 자각 그리고 자기 수용을 의미한다고 볼 수 있다.

또한 부모나 지역 사람들로부터 받은 초자아(무의식 단계)에 있는 차별감을 자각하여 의식 단계의 자아를 포함한 자기의 존재 속에 내재하는 모든 차별이나 죄로부터 자신을 해방시키는 과정을 일생동안 계속한다. 그리고 자기가 접하는 모든 가족이나 친구, 기업인 또는 지역인들의 차별관을 먼저 해방시킬 수 있도록 교제를 가질 때 비로소 장애를 가진 친구에게 진정한 베풂이 된다. 그래서 병들고 힘없는 이웃을 대할 때 그 아파하는 마음속에 예수가 내재되어 있는가가 매우 중요하다. 왜냐하면 아프고 약하며 가난한 사람들은 예수와 특별한 계약이 맺어져 있기 때문이다.

"너희가 여기 내 형제 중에 지극히 작은 자 하나에게 한 것이 곧 내게 한 것이니라"(마 25:40). 이 말씀에서 볼 수 있듯이 장애를 가진 사람들은 사회 해방의 근원이다. 다시 말해 경쟁 사회 안에서 고립되고 슬픔 속에 친구를 잃어 가는 많은 사람들, 경쟁보다는 공생하는 생활을 구하는 장애를 가진 많은 사람들이 오히려 우리들에게 해방의 빛을 주고 있다.

이제 실재하는 경제, 사회, 교육, 정치, 문화 등을 분석하여 기독교 사회복지의 현상을 해명해 보고자 한다. 장애를 가진 사람을 차별하거나 격리시키는 것을 목적으로 하고 있는 사회복지 정책이나 경제 구조가 있다면 그것들을 먼저 해방시킴으로써 기독교 복지조직 자체를 개혁할 필요가 있다. 또한 기독교인은 용기와 지혜를 가지고 경우에 따라서는 집단 시설을 개방해야 한다. 여기에서 주의하지 않으면 안 되는 것이 단계 B에 대한 올바른 분석이다.

제2차 세계대전 직후, 일본은 의식주에 많은 곤란을 겪고 있었다. 그와 같은 사회 및 경제적 상황에서는 고아나 장애를 가진 사람들을 시설에 입주시켜 인간의 기본적 생활 욕구인 식사나 잠자리를 제공하는 것이 옳은 것으로 생각되었고, 이것은 또한 기아나 주거가 없는 괴로움과 아픔으로부터 벗어날 수 있게 하기도 했다. 그러나 전후 40년이 지나 경제적으로 성장한 지금에는 의식주의 위기가 없어졌으며, 사회 생활의 질의 향상이 요구되고 있다. 다시 말해 단계 B의 사회, 경제, 정치, 문화가 변화한 것이다. 그럼에도 불구하고 단계 B에서의 차별과 격리 및 억압을 분석하지 않고 시설 입소 체계를 계속하고 있다면 오히려 시설 입소자를 억압하거나 격리하는 것이 될 수 있다. 따라서 기독교 사회복지는 빠르게 변화하고 있는 사회, 경계, 문화, 정치를 과학적으로 분석하면서 단계 A의 성서적이고 보편적인 가치관으로부터 계시를 받을 필요가 있다. 바꾸어 말하면 아픔을 가진 사람을 해방시키기 위해서 시설이나 복지제도가 있는 것이지, 시설이나 복지제도를 유지하기 위해서 아픔을 가진 사람이 필요한 것은 아니다. 이와 같이 성서의 가치관, 즉 장애에 대한 성서적 관점을 현실의 기독교 사회복지의 실천과 대조하여 해방의 길을 모색하는 것이 중요하다.

사회복지의 실천에 있어서 자주 범하는 과오 중의 하나는 아픔을 가진 사람과 그 아픔을 공유하려 하기보다는 복지 기술이나 조치비 등의 분야에 지나치게 중점을 두는 것이다. 그리고 둘째는 단계 B의 사회적 죄에 대한 분석을 게을리하는 것이다.

'성서는 살아 있다' 라는 말은 성서에 있는 윤리를 고정화한 단계 B와 단계 C에서 이해하는 것이 아니라 항상 빠르게 변화하고 있는 인간 사회에 비추어 계시를 받기 때문이다.

4. 생활의 질(QOL)

생활의 질은 성서의 가치관과 그것에 근거한 실천이 현실 속에 어떠한 가치와 내실을 가지고 있느냐 하는 것이다. 따라서 장애를 가진 사람들을 해방시키기 위해서는 생활의 질이 현재 어떠한 상태에 있는가를 분석하는 것이 필요하다. 그런데 그 대상이 되는 개념이 실로 넓고 깊기 때문에 생활의 질을 네 개의 분야로 나누었다.[3]

(1) 출생과 죽음의 질

출생과 죽음은 인생에 있어서 가장 중요한 사건이며 시작과 끝을 상징한다. 그런데 현대의 의료기술이 출생과 죽음이라는 양자를 조절하기 시작하였기 때문에 이 분야에서 생명윤리를 취급하지 않을 수 없다.

임신 초기에 DNA(디옥시리보 핵산) 검사를 하면 태아의 장애 유무를 알 수 있는데, 만일 태아에게 장애가 있는 것이 밝혀지면 중절을 하는 정당한 이유가 되고 있다. 또한 병원에서 혼수상태에 있는 환자처럼 중증의 장애를 가진 사람들의 생사를 의료기술이 지배하고 있다.

일반적으로 무뇌성 신생아라고 불리는 중증의 장애아가 태어나는 경우가 종종 있다. 태아기에 연수로부터 수액이 이상하게 머리에 쌓여 뇌의 발달을 억제하게 되어 중증의 지적장애를 가진 상태로 출생하는 것이다. 때문에 뇌사 상태가 되는 경우도 종종 있는데, 이런 무뇌성 신생아를 장기 이식을 위한 기증자로 쓰기 위해 생명유지기로 수년 동안 성장시키는 도너 베이비(Donor Baby) 연구가 시작되고 있다. 이 경우는 무뇌성 신생아를 죽은 것으로 간주하는 것이며, 뇌사를 인간의 죽음이라고 정의한 것이다. 또한 뇌 손상이나 뇌혈관 장애로 중증의 장애인이 되어 뇌사 판정을 받으면 장기 이식에 필요한 장기 제공자가 되는 것뿐만 아니라 생명 유지 장치에 의해서 혈액 제조체로 쓰일 가능성까지도 나오고 있다.

이와 같이 기독교 윤리와 뇌사, 즉 장애인의 출생과 죽음의 문제는 윤리 분야의 문제이며 또한 새로운 생명공학과 윤리학의 영역이다.

---

3) アキイエ・ヘンリー・ニノミヤ,「醫療におけるQOL－QOLの理念と規則」,《病院》, 第46卷 9號 1987年 9月 醫學書院.

역사적으로 볼 때 일본에서는 장애를 가진 사람들의 생명을 부정하여 왔다. 제2차 세계대전 중에는 장애를 가진 사람들을 천황의 신민으로 인정하지 않았으며 법적 대상으로도 취급하지도 않았다. 그들은 공습으로부터 전혀 보호받지 못했으며, 식량 배급도 받지 못했기 때문에 굶어 죽게 되는 경우가 많았다.[4] 생명의 박탈이 분명한 죄임에도 불구하고 이처럼 문화, 종교, 정치에 의해서 장애를 가진 사람들의 생명이 무시되고 무참히 죽어 가는 경우도 있다.

현대는 의료기술이 급속히 진보되어 생활의 질에 대해 충분히 논의되지 않은 채 인간의 생사가 결정되고 있다. 또한 현대 사회생활에서는 인간이 죽음을 맞이하는 장소가 생활 곤간인 가정에서 병원시설로 바뀌면서 죽음의 질이 인간 관계에서나 공간적 또는 시간적으로도 변화하였다. 그럼에도 일본의 많은 의료기관은 목사 등 종교인을 의료팀의 일원으로 인정하지 않아 인간의 존엄성을 나타내는 영혼에 대한 배려가 없이 죽음을 맞게 하는 일이 적지 않다. 특히 장애를 가진 사람들은 장애인 시설에서 의료시설로 옮겨진 채 죽음을 맞이하는 것이 대부분이며, 특히 고령의 장애인은 가족과의 관계도 적고 시설 직원의 병원 방문도 없는 가운데 고독하게 죽음을 맞는 일이 많다. 그러므로 죽음의 질은 의료나 사회복지 분야에 물어야 할 문제이지만 또한 교회와 목회자가 도전해야 할 문제이기도 하다.

(2) 인격 발달의 질

인간은 물리적 생물적 존재로 단정해서는 안 되는 감정과 정신을 가진 인격체이다. 에릭 에릭슨(Erik H. Erikson)은 심리적인 접근과 사회

---

4) 花田春兆, 『もう一つの太平洋戰爭』朝日新聞, 1980年.

적인 접근에 의해서 인격 발달에 대한 분석을 발전시켰다.[5] 모든 인간, 특히 아이는 가족, 친구, 지역, 사회와 관계를 맺음으로써 개인의 내면, 인간 관계적, 대사회의 단계에서 인격을 발달시킨다. 그러나 장애를 가진 사람들은 가족으로부터 격리되고 시설에 수용되어 사회의 중심에서 밀려나게 되기 때문에 인격 발달의 질이 대부분의 일반인과 다르게 된다.

유아기 때부터 병이나 장애 때문에 장기적으로 의료시설에서 성장할 수 밖에 없는 유아나 아동들의 인격 발달은 일반 가정에서 부모와 형제 자매 그리고 동네 친구들과의 인간 관계로 인격이 형성되는 아이들과는 현격한 차이가 생긴다.

정상화(Normalization)란 장애를 가진 사람들도 장애를 갖지 않은 사람들과 같은 생활을 하는 것이 바람직하다는 의미이다. 그러므로 장애를 가진 사람의 인격 형성 과정에서 이질의 인격을 사회적으로나 의료적으로 만들어 가는 것은 정상화에 반하는 것이다. 인격은 평생 동안 형성해 가는 것이므로 부득이하게 사회에서 격리되어 시설에 수용된 생활을 하고 있는 사람들의 인격의 질도 묻지 않을 수 없다.

인간은 '고통'을 통하여 인격을 만들어 가기도 한다. 고통은 문화이기도 하며 사회와 경제 및 정치에도 깊게 관련되어 있다. 고통은 사람과의 만남이나 예수와의 만남 등을 통해 인내와 관용과 자기 억제를 만들어 내지만, 그 아픔을 의료기술이나 사회복지에 빼앗기는 경우도 있다. 즉 장애를 가진 사람을 치료나 보호라는 명목으로 사람의 인격을 빼앗는 경우도 종종 있다. 따라서 의료와 사회복지 분야는 장애를 가진 사람들의 인격을 존중하여 생활의 질에 기초를 둔 섬김을 하는 것이

---

5) Erik H. Erikson, *Childhood and Society*, W. W. Norton, 1965.

바람직하다. 생활의 질은 장애를 가진 사람들에게 인격을 가진 존재로 서의 위치를 인정할 뿐 아니라 인격 성장을 조장하는 역할을 가지고 있 기 때문이다.

(3) 일상 생활의 질

이 범주에는 대개의 사회복지 분야가 포함되는데, 다음과 같이 네 가지로 나누어진다.

첫째로는 사회보장, 사회복지 제도라는 생활 기준의 질이다.

둘째로는 부모, 가족, 친구, 학교, 지역 관계라는 인간 관계의 질이다.

셋째로는 생활 시간의 질인데, 이것에는 수면이나 식사 또는 배설 같 은 기본적 욕구를 채우는 시간, 일처럼 의무적인 사회적 시간, 학교에 있는 시간, 레저나 쇼핑 또는 스포츠 같은 자유시간이 포함된다.

넷째로는 침실과 활동을 위한 공간 또는 지역 공간 등과 같은 생활 공 간이다.

시설에 있는 장애를 가진 사람들은 질이 좋은 일상 생활을 제대로 향유하지 못하는 경우가 대부분이다. 일본의 사회복지 제도를 보더라 도 입소 시설에서의 생활 기준은 최저로 그들은 자기들보다 입장이 위 인 직원과의 인간 관계밖에 맺지 못한다. 시설에서는 아침부터 밤까지 생활 일정이 정해져 있어서 그것을 입소자의 의지대로 변경하기는 거 의 어려우며, 이는 입소자의 의지보다는 직원의 권익이 우선되기 때문 이다. 생활 공간도 최소한으로 제한하여 4~6명의 장애인을 좁은 방에 서 함께 기거하게 함으로써 개인의 사생활을 전혀 존중해 주지 않을 뿐 아니라 직원들이 장애인을 쉽게 이동시키기 위하여 화장실 문을 없애 는 경우도 있다.

일상 생활의 질을 정상화의 개념으로 추진하는 것은 같은 나이와 같은 성(性)을 가진 시민과 같은 지역에서 생활하는 것과 같다고 할 수 있다.

지금까지의 사회복지 개념은 자선과 보호의 복지로서 복지 제공자가 어떠한 생활 환경과 생활의 질을 제공하든 감사하게 받아들여야 하는 것이 당연시 되었었다. 그렇기 때문에 사회복지 제공자인 사회복지사(Social Worker)나 시설 경영자는 이들 생활의 질의 기준을 일반 시민보다 아주 낮게 설정하여 왔다. 그러나 앞으로의 사회복지—적어도 "네 이웃을 네 몸과 같이 사랑하라"는 말씀을 이념으로 하는 기독교 사회복지—는 장애를 가진 사람들에게도 사회복지 종사자와 동등한 생활의 질을 제공하도록 최대의 노력을 기울여야 한다.

(4) 생활 주기의 질

생명은 출생으로 시작하여 죽음으로 끝난다. 이와같이 하루의 생활이나 인생 전체도 활력 있고 역동적인 것이다. 따라서 생활 주기의 관점에서 장애를 가진 사람들의 생활을 분석하는 것이 중요한 방법임에도 불구하고 전문가는 전문 분야에 따라서 사회복지를 연령별—즉 아동복지, 성인복지, 고령자복지와 같이—로 생활 주기에 따라 각각 분류하고 있다. 그리고 각 분야 사이에는 상호 교류가 없어서 장애를 가진 사람들을 생활 주기라는 연속적 통일체로 붙잡고 있지도 못하다. 때문에 본서에서는 생활의 질의 관점에서 장애를 가진 사람들을 분석하고 있다.

이것은 기독교 사회복지에 있어서 인간을 복지의 중심에 놓을 것이냐와 정치나 경제적인 복지제도를 중심으로 장애를 가진 사람보다 제도를 우선할 것인가의 문제이다. 현재는 정책 중심의 사회복지 제도이지만 생활 주기의 관점에서 그 구조를 인간 중심으로 다시 검토해 볼 필요가 있다.

다음 장에서는 종교, 산업, 현대 기술, 사회복지 제도에 관해서 검토한다.

■ 제2장 사회 변화와 장애에 대한 사회적 가치관

1868년의 메이지유신 때부터 일본 사회는 급속한 변화를 계속하고 있다. 그 당시 일본 정부의 목표는 부국강병이었다. 그 후 서구의 산업혁명의 물결이 일본에도 전해져 서구의 교육제도, 기술, 과학이 들어오고, 장애를 가진 사람들에 대한 차별이 형태를 바꿔 나타났다. 그 차별이란 전통적인 종교나 차별의식에 경제와 군국주의를 더한 것이다.

1. 종교와 차별

일본은 신도(神道)와 불교가 대표적인 종교로, 이 두 개의 종교적 가치관은 장애를 가진 사람들을 대하는 의식에 깊게 관계되어 있다. 과학의 중심에 살고 있는 이 현대 사회에서조차 아직도 장애를 가진 사람은 부정하고 죄가 많은 존재라고 믿고 있다.

1986년 5월, 고베에 사는 한 여인이 다운증후군이라고 검진된 12개월 된 아들을 목 졸라 죽인 사건이 일어났다. 이 사건을 조사한 결과,[6] 살인의 원인이 종교적 문화와 깊이 관계되어 있음이 밝혀졌다. 그 여인은 시어머니와 함께 살고 있었는데, 시어머니는 장애를 가진 아이가 태어난 것이 그 며느리의 책임이라고 했다. "우리 집안의 피는 깨끗하다. 그런데 피가 더러운 너하고 결혼했기 때문에 우리 집안의 피까지 더럽혀져 장애아가 태어난 것이다. 이건 우리 집안의 망신이다"라고 몰아붙이자 그 며느리는 혼란 속에서 신경우울증에 빠졌고, 결국 아들을 살해했던 것이다. 그런데 이런 경우와 같은 사건이 일본에서는 별로 신기하지 않다는 듯이 종종 일어나고 있다.

(1) 신도

신도의 규범은 '이자나미' 와 '이자나기' 라는 신의 창세이야기와 관계가 있다. '이자나미' 라는 여신이 '이자나기' 라는 남신에게 구혼하여 결혼하였다. 그래서 첫아기가 태어났는데 세 살이 되어도 일어서지 못하고 몸이 흐물흐물했기 때문에 이름을 '히루꼬' 라고 지었다. 히루꼬는 흡혈 연체동물인 거머리를 의미하는 것이다. 장애를 가진 아들이 신도의 신의 모습을 갖추지 못했기 때문에 두 신은 아이를 바다에 내던져 버렸다. 히루꼬는 장애가 불순한 것으로 간주되어 일본인으로서 아니 신도의 신으로서의 자격이 박탈된 것이다.

신도는 깨끗함과 순수함을 요구하므로 가족 중에 장애를 가진 사람이 있으면 불명예스럽고 수치스러운 일이 된다. 그러나 신도의 가르침에도 일본을 위해 장애를 입은 군인 등은 차별의 대상이 되지 않는다. 또한 대부분의 경우 신도에 공헌하다가 입은 장애도 포함되지 않는다. 여기엔 고대(古代) 천황제(天皇制)를 형성하는 과정에서 차별을 정당

---

6) Akiie · H. Ninomiya, *Japanese Attitudes Towards Disabled People*, The Japan Christian Quarterly, Fall 1986.

화하는 이데올로기를 만들어 낸 독재 권력자의 뜻이 숨어 있다. 히루꼬 신화에서 보면, 여신인 이자나미가 주도권을 가진 결과 장애를 가진 아이가 태어났다. 고사기(古事記) 일본서기(日本書紀)에는 그 후에 남신인 이자나기가 먼저 말을 걸어 교합하여 장애가 없는 신이 태어나는 것으로 되어 있다. 요컨대 여신이 먼저 말을 거는 것은 반도덕적 행위이고 장애는 그 결과라는 것이며, 이것은 남존여비를 정당화하는 가치관과 관계가 있다. 이러한 개국신화가 신도의 중심적 가르침으로 천황가(天皇家)나 일본 국민을 지배하는 혈연적 관계에 있어서 정치적 · 계급적 관계를 종교 이데올로기화하고 있다. 그리고 이 천황가(天皇家)의 계급 지배를 정당화함으로써 여성 차별과 장애 차별도 혈연적 종교 이데올로기에 의해서 정당화되고 있다.

(2) 불교

불교는 6세기쯤 일본에 전해졌다. 불교어 관해 쓰여 있는 일본 최고(最古)의 일본영이기(日本靈異記)[7]에는 초기 개교사(開敎師)에 의한 116가지의 설화가 기록되어 있다. 그 중에는 장애인에 관한 이야기가 많이 있는데, 그 대부분의 이야기에는 장애를 인간의 죄의 결과라고 말하고 있다. 한 예로 12번째 설화에 나오는 행기(行基)는 불교의 개교사로서 대단히 유명한데, 다음과 같은 설법을 하고 있다.

한 여인이 장애를 갖고 태어난 아이를 안고 행기의 가르침을 듣기 위해 왔다. 그 아이는 10세가 넘었는데도 걷지 못하고 울기만 했다. 행기는 그 여인에게 아이를 강에 던져 넣으라고 명령하였지만 여인은 그것을 강력히 거부하였다. 행기는 여인을 향해 다시 한 번 아이를 강에

---

7) 原田敏明 高橋貢譯, 『日本靈異記』, 平凡社, 1985年.

던져 넣도록 명령하였다. 여인은 애원해도 소용이 없게 되자 드디어 아이를 깊은 물 속에 던져 넣었다. 얼마 후 아이의 얼굴이 물 위로 떠오르더니 여인에게 이렇게 말했다. "너의 선조가 빌려 간 물건을 돌려주지 않았기 때문에 내가 이 세상에서 너에게 받아가려고 했는데 그것이 이제야 끝나는구나." 그리고 아이는 물 밑으로 사라져 갔다. 행기는 여인을 향해 이렇게 말했다. "장애아가 태어난 것은 너의 선조의 죄 때문이다. 빌린 물건은 돌려주지 않으면 안 된다. 그러나 너는 이제 선조의 죄로부터 자유다."

일본의 개교사는 장애를 선조나 자기 자신의 죄의 결과라고 말한다. 그렇기 때문에 장애를 가진 사람을 죄가 많고 부끄러운 존재로 인정하여 그들의 생명을 간단히 부정해 버린다.

일본에 전파된 불교는 힌두교화된 가르침이 많다. 장애에 관한 가르침도 힌두교의 카르마(Karma), 즉 윤회 환생에 기초하고 있다. 힌두교에서는 인간은 죽어 환생하는데, 현세에서 좋은 일을 많이 하면 카스트 제도의 높은 계층으로 환생하고 반대로 나쁜 일을 많이 하면 그 벌로 카스트의 하위 계층으로 환생하거나 장애를 갖게 된다고 가르치고 있다. 불타(佛陀)는 이 카르마(업, 인과응보)로부터 벗어나 인간은 모두 평등하다고 설법하였다. 따라서 일부 불교에서는 카르마에 의해 속박된 장애를 가진 사람들을 포함하여 죄인으로 여겨져 온 사람들을 해방시켜 왔다고 볼 수 있다. 13세기에 불법을 전파한 일편지진(一遍智眞)은 "아미타불은 신(信)과 불신(不信)을 가리지 않고, 정(淨)과 부정(不淨)을 마음에 두지 않는다"라고 설법하여 촉예사상(觸穢思想)에 기인한 장애에 대한 차별을 없애고 장애의 유무에 상관없이 모든 인간은 평등하게 구원되어야 한다고 주장했다. 또한 친란(親鸞)은 악인정기설에서 악이라고 되어 있는 장애를 가진 사람이야말로 맨 먼저 구원되어야 한다고 설법하고 있다. 이 해석에 관해서 불교 연구자들 사이에 아직도 논의되고 있지만, 적어도 친란(親鸞)이 장애를 가진 사람들을 해방시키려고 노력한 것은 높게 평가된다. 하지만 지금까지도 일본에서는 일반적 불교 문화 안에서 장애는 죄의 결과라고 믿는 사람이 많다.

이와 같이 신도나 불교가 1,300년에 걸쳐 일본의 토양에 뿌리 깊이 영향을 주어 더욱 깊은 차별이 만들어지고 있다.[8] 그래서 개인의 내면, 인간 관계적, 대사회의 단계에서 사람들을 해방시키기 위해서는 교육과 계몽이 유효한 수단이 된다.

2. 산업화와 차별

메이지 시대 초기에 일본의 산업화가 시작된 이래 두 개의 전통적 보장사회(Gemeinschaft)가 사라져 갔다. 그중 하나는 촌락 공동체이고 또 하나는 가족 제도이다. 그리고 지금 새로운 보장제도가 생겼는데, 그것이 바로 일본 기업이다. F. 퇴니스(Ferdinand Töennies)[9]는 공동체인 '보장사회'를 낡고 오래된 질서와 가족생활로 규정하였지만, 새로운 보장사회는 일본 공동체의 특징을 거의 계승하여 나타났다. 그것은 경제 활동에 기반을 둔 기업이 전통적 보장사회를 현대의 조직 형태에 원용하였기 때문이다.

한편 서구 제국은 산업화 사회(Gesellschaft)로 이행하고 있었다. 산업화 사회는 개개가 자유로운 연합체에 기초를 두고 집단의식보다는

---

8) Erving Goffman, *Stigma;Notes on the Management of Spoiled Identity*, PrenticeHall, 1963.

9) Ferdinand Töennies, *Community and Society*, Harper & Row, N. Y., 1957.

개성이 중요시된다. 이것과는 대조적으로 일본의 기업은 급료, 건강 진단, 주택, 교육 그리고 종신 고용 등을 제공함으로써 사원과 그 가족들의 생활을 보장한다. 그리고 그것과 동시에 사원들에게 기업에 충성을 맹세하고 일생을 바칠 것을 요구한다. 또한 조직에 소속된 사람은 스스로를 '나' 가 아닌 '우리' 라고 규정하며, 개성보다 남과의 관계를 강하게 의식하게 된다. 즉, 일본에서 자기의 정체성은 보장사회에 의해 존재하게 되는 것이다. 예컨대 초면인 사람에게 우선 회사명을 말하고 나서 자기의 이름을 말하는 것이 그것인데, 사회 앞에서는 자기의 이름이 자기를 나타내는 것이 되지 않는다.

전통적 보장사회가 존재하는 곳에는 어느 정도 가족이나 마을의 상호부조가 있었는데, 산업화로 인하여 그것들이 파괴되어 버렸다. 그리고 장애를 가진 사람을 위해서가 아니라 장애를 갖지 않은 사람을 위한 새로운 보장사회가 생겨났다. 그래서 보장사회적 정체성이 없는 사람은 2급 시민으로 취급되었는데, 장애를 가진 사람의 대개는 취직이 어렵고 시설에 수용되어 사회와 격리되기 때문에 보장사회적 정체성을 획득할 수 없어 사회에서 멸시를 당하게 된다. 여기서도 장애를 가진 사람들은 새로운 공동체, 즉 기업 공동체로부터 따돌려지고 차별을 받고 격리되어진다.

또한 산업화는 "일하지 않는 사람은 먹지도 말라" 는 말같이 화폐 가치에 기초를 둔 새로운 가치관을 가져왔다. 장애를 가진 사람들 중에는 생산성이 있는 사람도 있고 그렇지 않은 사람도 있지만, 교육을 충분히 받지 못했기 때문에 그들을 고용하는 것을 곤란하게 생각한다. 또한 종교·문화적인 차별(죄가 많음, 더러워진 피라는 견해) 때문에 기업에서 기피하기도 한다. 그 결과 경제적 가치에 기초를 둔 새로운 차별이 나타난 것이다. 그런데 그 산업화 때문에 환경이 오염되고, 물,

공기 및 식량의 오염에 의한 장애인이 점점 늘어나고 있는 것은 아이러니라 아니할 수 없다.

1947년까지만 해도 일본인의 평균 수명은 50세를 밑돌았으나 현재 일본인의 평균 수명은 80세를 넘고 있는데, 이것은 세계적으로 보더라도 매우 앞선 것이다. 그런데도 기업의 정년퇴직은 아직 60세로 이것은 50년 간 거의 변하지 않고 있다. 1988년 후생성의 통계에 의하면 65세 이상의 노령 인구가 전 인구 중에 차지하는 비율은 11.2퍼센트이며, 2020년에는 23.6퍼센트가 될 것으로 예측하고 있다.[10] 즉, 앞으로 30년 이내에 네 사람 중 한 사람이 노령 인구가 된다는 것이다. 이렇게 평균 수명이 늘어남에 따라 노령 인구는 급속히 증가하였고 그들 대부분은 어떤 장애를 갖고 있다. 그런데 가족이나 공동체 혹은 기업을 대신하는 보장사회가 존재하지 않을 뿐 아니라, 오히려 산업화에 따른 새로운 기술시대에 맞춰 형태를 바꾼 새로운 차별적 가치관이 일본의 토양에 뿌리를 내리고 있다. 그렇기 때문에 장애를 가진 사람들에 대한 차별은 이제 소수의 문제가 아니다.

3. 의료 기술과 차별

서구의 의료 기술은 지역 의료보다 페스트 등의 질병을 예방하는 데 노력하여 왔다. 그리고 19세기에 항생 물질에 의해 치료하는 세균의학이 발전하기 시작하였다. 그리고 19세기 후반에 들어와 서구의 의료

---

10) アキイエ・ヘンリー・ニノミヤ,「高齡期ファタクダーと患者のQOL」,《病院》, 弟47卷 5號. 1988年 5月 醫學書院.

기술이 일본에 전해졌는데, 주로 세균 의료뿐이었다. 따라서 세균학적인 처우나 연구는 발전했지만 지역 의료는 거의 발전하지 못했다.

한편, 지역 안에 널리 보급되어 있던 전통적인 중국의학은 점차 사라져갔다. 그래서 지역 의료에 근거한 의료 체계가 뿌리내리지 못하게 되고 지역에서 생활하는 장애를 가진 사람들은 대단히 곤란한 상황에 처하게 되었다.

일본인들은 서구의 세균의학 기술을 무슨 요술 같은 것으로 생각했기 때문에 의료기술에 의해서 모든 병이 나을 것으로 믿고 있었다. 현대의 의료기술을 새로운 긍정적 가치관으로 본 것이다. 그러나 세균의학은 미시적 차원에서 밖에 발전하지 못하고 있다. 예를 들면, 의사는 위궤양 환자에 대하여 여러 가지 검사를 하고 나서 처방을 한다. 의사는 처방을 위하여 위의 조직, 염증이 있는 세포, 분자 등을 주의 깊게 조사할 것이다. 그러나 결혼이나 가족 또는 기업에서의 인간 관계, 경제, 정치 등 거시적 차원에서 개입하여 원인을 찾는 것에는 관심을 두지 않는다.

다시 말하면 의사는 가족이나 지역 시민이라는 전체적인 인간으로서가 아니라 조직 또는 세포(細抱)라는 생물학적 대상으로 환자를 취급하는 것이다. 거기에는 전체적인 의료 보호가 결핍되어 있다. 그렇기 때문에 환자는 가족이나 친구와 같이 입원하는 것이 인정되지 않으며, 혼자 입원하지 않으면 안되므로 더욱 환자는 가족이나 지역 사회에서 격리되고 고립되어 간다. 더구나 장애를 병이 고정화된 것으로 또는 일반적으로 불치의 병으로 인식하여 환자를 거시적인 차원에서가 아니라 미시적 차원으로만 대하고 있다.(〈그림 3〉 참조)

장애를 가진 사람들은 시설로 격리되어 갈 뿐 아니라 의료시설에서는 인격을 가진 인간이 아니라 생물학적 대상으로 취급되는 일도 있

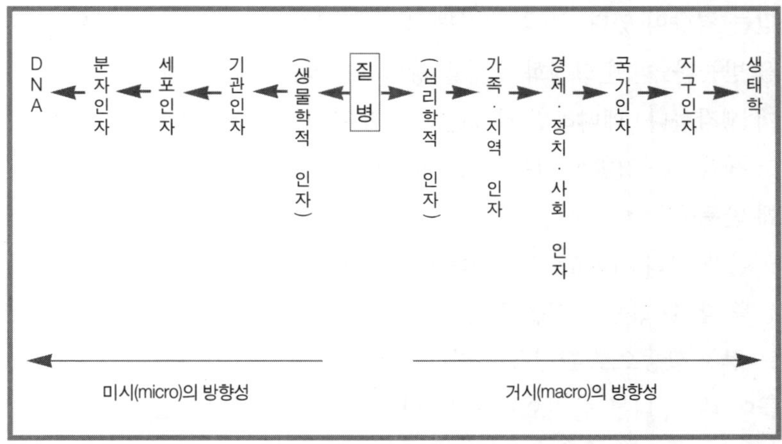

〈그림 3〉 질병의 방향성

다. T. 파슨(Talcott Parsons)[11]은 환자의 역할에 대해 "환자는 병 때문에 사회적인 의무나 책임이 면제되어 있다. 그러므로 그들은 정상적이지 못한 상태에 있는 자신의 상황을 이해하고 빠른 회복을 위해 노력할 의무가 있으며, 병을 회복하기 위해서 의료전문가에게 협력하지 않으면 안 된다"고 말했다.

파슨의 이 이론이 의학계의 주류를 이루는 가치관으로 되어 장애를 가진 사람들은 비정상적이고 바람직하지 못한 존재라는 꼬리표가 붙여지고, 사회 구성원으로서의 시민권이 거부되고 있다. 실제로 어린아이 취급을 당하며 의사에게 전적으로 의존하지 않을 수 없게 되어 있는 장애를 가진 사람들도 많이 있다. 이러한 상태에서 장애를 가진 사람들은 2급 시민으로 취급되고, 그들의 자립이나 전인성은 손상되어 버린다.

마지막으로 의료기술은 전능이고 의사는 모든 병을 고칠 수 있다고

---

11) Talcott Parsons, *The Sick Roles*.

믿는 경향이 있다. 병을 고치는 것에 성공하면 의사는 사회에서 칭찬을 받는다. 한편 고정화된 병을 장애라고 부르면서 '장애'를 수치스럽게 생각한다. 왜냐하면 장애는 완치할 수 없기 때문에 의사의 패배라고 생각하는 경향이 있는데, 그것이 장애를 가진 사람들을 더욱 차별하게 만든다.

이반 일리히(Ivan Illich)[12]는 "건강이란 가치있는 또는 정치적인 활동을 할 수 있는 자격을 주는 형용사이다"라고 하였다. 건강은 한편으로 정치 활동으로 환경을 정비하여 경제적 존재를 장려하는 상황을 만들어 내고, 다른 한편으로는 '핸디캡'이라는 경제적으로 불리한 상태를 배제하는 방법에 의존하고 있다. 이렇게 장애를 가진 사람들을 직접적으로 공격하는 것뿐 아니라 모든 환경과 사회 조직에 영향을 줌으로써 의료기술은 가족이나 지역 생활에 해를 미치고 있다. 이반 일리히는 이런 현상을 '사회적 의원병(社會的 醫原病)'이라고 부른다.[13] 그것은 전달하는 사회 정치적 양식에 의해서 개인의 건강에 대한 의료상의 손해가 생긴다는 것이다. 사회적 의원병이 생김으로써 의료 시설에서 사회복지 시설로 옮겨가는 장애인도 많다.

4. 사회복지 제도와 차별

일본의 현재 사회복지 제도는 제2차 세계대전 후에 확립되었다. 메

---

12) Ivan Illich, *Limits To Medicine: Medical Nemesis: The Expropriation of Health*, McClelland and Stewart, 1976. p. 7.

13) Ibid., p. 40.

이지 유신 이래 많은 서구 선교사들이 들어와 일본인과 함께 고아원, 커뮤니티 센터(Community Center) 등과 같은 사회복지 시설을 만들었다. 그러나 장애를 가진 사람들을 위한 것은 거의 없었다. 많은 시설이 개인적으로 운영되었고 교회나 지역에서 경제적 또는 물리적인 원조를 받고 있었으므로 처음에는 시설, 지역, 교회의 관계가 좋았는데 국가 책임에 의해 사회복지 제도가 만들어지면서 그 관계는 상실되었다.

맥아더 원수는 일본을 점령하고 통치하면서 "모든 국민은 건강과 최저한의 문화적인 생활을 영위할 권리를 갖는다"라고 북미형의 사회복지 제도를 제창하였다. 그것은 일본 헌법 제25조에 성문화되어 있다. 그후 1949년에 신체장애인복지법, 1960년에 정신박약자복지법, 그리고 1970년에 심신장애인대책기본법이 제정되었다. 그에 의해 허가 시설은 법률에 의한 보조비를 받을 수 있게 되었고, 일반적으로 90퍼센트 이상의 시설이 나라나 지방 행정기관에서 보조비를 받고 있다.

그러나 일본 정부는 경제나 산업적 보장사회의 가치를 중시하고 있기 때문에 사회복지는 장애인 시설을 일반 사회에서 멀리 떨어진 지역에 건설하였다. 때문에 시설의 대부분이 한적한 곳에 세워지고 결국은 자연스럽게 '장애인 입소 시설'이 형성되었다. 장애를 가진 사람들은 가족이나 친구로부터 격리되어 생활을 지배하는 사람과 지배받는 사람이라는 두 가지 계층이 존재하는 가운데 생활하게 된 것이다.

시설에서는 입소자가 아니라 시설 직원이 입소자의 일정을 결정하는, 다시 말해 기본적 인권이 무시되는 것이 일상화되어 있다. 예를 들면 직원의 근무 종료시간이 5시에서 5시 반까지로 되어 있기 때문에 수용자의 저녁 식사시간이 4시에서 5시까지인 시설이 대부분이다. 그러므로 입소자들은 다음날 아침 8시까지는 아무 것도 먹을 수 없게 되어 적어도 15~16시간 이상 음식물을 섭취할 수 없게 된다. 또한 시설 직원이 밤늦게까지 일할 수 없다는 이유로 성인 수용자들도 오후 9시에 취침하지 않으면 안 되는 곳도 많다. 이것만 보더라도 시설에서는 자기의 생활 일정을 선택하고 결정할 자유가 존재하지 않는 것이다. 또한 쇼핑을 하거나 외출할 때에도 시설의 허가를 받아야 하는 곳도 있다.

시설에는 수용자의 안전과 생활을 보장할 책임이 있기 때문에 보호 프로그램을 중심으로 수용자를 시설 안에만 머물게 하려 한다. 그래서 시설이라는 온실에서 자란 꽃처럼 의존심, 무감각한 태도, 자극 없는 생활 속에서 살게 된다. 시설의 원장이나 이사회는 보조비를 받는 관계로 아무래도 수용자보다는 정부 관계자의 안색을 살피는 경향이 있다. 처음에는 사회복지 제도를 확립함으로써 인간의 존엄성을 회복하여 장애를 가진 사람들을 차별과 격리로부터 해방시키려고 하였지만, 관료적 사회복지 제도의 확립과 함께 오히려 '시설 수용주의' 라는 새로운 형태의 차별과 격리가 생기게 되었다.

1981년의 '국제 장애인의 해' 이후 일본 정부는 시설복지 중심 정책을 전환시켜 나가기 시작했다. 그 당시 일본 정부는 새로운 프로그램을 실시할 만한 예산이 없었기 때문에 가족이 장애를 가진 사람을 돌보아야 한다는 쪽으로 방향을 잡았다. 그러나 사회복지 시설의 관계 단체의 정치적인 힘이 강했기 때문에 시설에 대한 예산을 삭감할 수 없었다. 그와 동시에 장애를 가진 사람들의 조직도 강화되어 인권옹호, 특히 시민권을 요구하는 소리가 높아졌다. 그래서 일본 정부는 지역의 실정에 따라서 사회 봉사를 제공하는 북미의 사회봉사 제도를 도입하여 장애를 가진 사람들을 사회에 통합시키는 방향으로 바꾸었다. 북미의 정상화는 수용 시설을 해체하는 것과 지역 생활을 중심으로 하는 주요 정책을 합쳐서 실시하는 것으로, 일본은 현재의 수용 시설을 유지하면서 재택복지를 추진하고 있다.

시설 중에는 임금 증가와 노동시간 단축을 요구하는 노동조합이 결성되어 있는 곳도 있지만, 노동조합의 이익과 수용자의 이익은 종종 상치된다. 노동시간의 단축은 수용자에 대한 복지의 저하를 의미하며, 예산은 일정한데 급료가 증가하게 되면 수용자에게 돌아가야 할 복지비가 감소될 수밖에 없다. 이와 같이 수용 시설 중심인 현재의 사회복지 제도로는 장애를 가진 사람들은 계속 억압되고 차별될 수밖에 없다. 더욱 불행한 것은 기독교 사회복지사를 포함하여 많은 사회복지사들이 이러한 사회 구조의 죄(Meta—Personal Sin)를 깨닫지 못하고 있다는 것이다.

시설에서 일하는 대부분의 사회복지사는 대인 복지를 중시하는 사회복지 사업을 중심으로 하기 때문에 '사회' 부분의 기능이 적다. 다시 말해 장애를 가진 사람이 수용 시설에서 행복하게 살아갈 수 있는 어떤 프로그램을 만들어 실시하더라도 수용 시설의 구조 자체가 장애를 가진 사람을 가족이나 친구 또는 지역으로부터 소외시키고, 때로는 구별이나 차별을 조장한다는 것을 깨닫지 못한다. 수용 시설의 프로그램은 중간 목표는 될 수 있더라도 최종 목표는 아니다. 그러므로 현 상태에서 수용자의 생활의 질을 개선하는 프로그램을 추진하면서 최종적으로는 지역인이나 가정인, 즉 사회 속에서의 위치를 정상화해 가야 한다. 이것에 관해서는 4장에서 검토하고자 한다. 그러기 위해서는 우선 장애를 가진 사람들이 태어나서 죽기까지의 생활 주기를 분석하는 것이 중요하다.

지금까지는 교육이나 고용 등과 같은 관점에서 생활 주기를 전문 분야별로 분화하여 연구한 것이 대부분이지만, 생활 주기의 관점을 바꾸어 보면 장애를 가진 사람들을 전체적으로 파악할 수 있다. 그런데 전문성과 관료제의 발전으로 인간의 전체성이 분할되었는데도 불구하고 각 전문 분야간에 상호 교류가 거의 없다.

장애를 가진 유아는 일본 후생성 관할에 있는 의사의 관할 대상이 되고, 학령기에 이르면 문부성의 관할 대상이 된다. 그리고 양호학교를 졸업하면 또 후생성 관할의 사회복지 시설로 옮겨지며, 고용되는 사람은 적지만 운 좋게 고용된 사람은 노동성 관할로 들어가게 된다.

재활은 의학, 교육, 직업, 사회, 공학, 심리학 등의 전문 분야에 따라 발전해 왔다. 그렇기 때문에 재활 전문가는 장애를 가진 사람들을 전체적 존재로 파악하지 못하고 각 전문 분야에서 부분적으로 파악할 수밖에 없다. 그래서 전체적 인간의 내면 존재가 의료, 교육 등 각 분야로 분할되는 것이다. 각 기술은 전체를 분할하는 것에는 공헌하지만 다른 기술과 관계를 갖지 않는 경향이 있다. 따라서 장애를 가진 사람들은 그 전문 영역마다 분할된 생활 주기에 묶여 그것을 깨뜨리지 못하고 자기도 모르게 인간성과 사회성을 잃어 간다.

장애를 가진 사람들을 전체적 존재로 이해하는 것은 대단히 중요하기 때문에 생활 주기에 따른 접근은 종합적 재활에 도움이 된다. 재활(Rehabilitation)이라는 말의 어원은 신뢰의 회복이라는 의미를 가진 라틴어의 'Lihabilitase(Rehabilitate)' 인데, 이 말은 성직자와 기사에 대해서만 쓰였다. 성직자가 가운을 벗는 것은 성직을 물러나는 것을 의미하는데, 성직을 물러난 후에도 그 사람은 다시 자기의 인생을 신에게 바칠 것을 맹세할 수 있다. 그 때 그가 교회에서 다시 가운을 입을 수 있도록 허락하는 행위가 'Lihabilitase (Rehabilitate)' 이다.

인간성은 신앙에 기초를 두고 있기 때문에 처음부터 Lihabilitase (Rehabilitate)는 인간성의 회복을 의미한 것이다. 그러므로 재활의 원래의 의미는 인권의 관점에서 볼 때 장애를 가진 사람들의 인간성 회복이다. 그리고 기독교 재활은 전체적 접근에 기초를 둔 것이므로 장애를 가진 사람들의 생활 주기는 기독교 재활의 관점에서 분석되어야 한다.

3장에서는 신체에 장애를 가진 사람들의 생활 주기에 초점을 맞추어 검토하고자 한다.

■ 제3장 장애를 가진 사람들의 생활 주기 분석

1. 생활 주기 이론의 소개

"사람은 사람에 의해서 사람이 된다"라는 유명한 말이 있다. 이 말은 사람은 다른 사람들과 같은 사회 제도 속에서 함께 어울려 살 때 자신을 성장시킬 수 있다는 의미이다.

사람은 태아로 시작하여 유아기, 아동기, 청년기, 성년기, 원숙기로 진행하여 마지막으로 죽음을 맞이하게 되는데 인간 발달의 특징의 하나는 동물에 비하여 어린 시기가 길다는 것이다. 이것은 사회나 문화의 발전과 관련이 있는데 복잡하게 발전하는 사회에서는 지식, 기술, 고도의 교육 및 사회의 구성원으로 수용되기 위한 훈련이 요구되기 때문이다. 그래서 문화나 경제가 발전하면서 교육에 필요한 시간이 늘어남에 따라 결혼 시기가 늦어지고 있다.

장애를 가진 사람들은 장애를 갖지 않은 사람들과는 다른 인생을 경험하게 된다. 장애를 가진 유아는 치료를 받는 시간의 증가에 따라 병원이나 시설에 수용되어 부모와 떨어져 살게 되기 때문이다. 장애를 가진 사람들은 신체 장애 때문에 보통 사람들과는 다른 인격을 갖게 되는데, 그것을 비사회적인(unsocial) 또는 미숙한 인격이라고 부른다. 또한 장애를 가진 사람들은 자아 정체성에 중대한 위기를 맞게 되는데, 이는 사회에서 장애를 가진 사람들을 '장애인'로 낙인찍어 그들에게 2급 시민이라는 정체성을 형성시키기 때문이다. 이렇게 병원, 시설, 특수교육 제도로 인하여 장애를 가진 사람들은 비사회적인 인격을 갖게 되거나 사회에서 격리된다. 그러므로 현존하는 모든 봉사 체계는 장애를 가진 사람들의 생활의 질을 어떻게 채울 것인가에 대해 엄밀히 조사하고 평가하지 않으면 안 된다. 본서에서는 특히 신체에 장애를 가진 사람들에게 초점을 맞춰 검토하였다. 에릭 에릭슨의 발달 이론은[14] 생활 주기에 대하여 사회·심리적으로 접근하여 파악할 수 있기 때문에 장애를 가진 사람들과 그 인격의 발달을 분석하는 데 유효하다.

장애를 가진 사람들에 대한 차별이나 불공정은 인간 관계적 정황이나 사회적 정황만이 아니라 인격의 발달이라는 개인의 내면에도 나타난다. 열등감이 있으면 사회 참여에 대해 적극성을 잃게 되며, 죄악감이 있으면 사회의 최하층으로 떨어져 버린다.

장애를 가진 사람들의 인격에 관한 기본적인 특징으로는 불신, 부끄러움, 의심, 죄악감, 열등감, 곤혹, 고독감, 절망, 싫증 같은 인격 내용을 찾을 수가 있는데,[15] 이와 같은 특징은 에릭슨의 8단계 중에서 부정적인 영역에 들어간다.

그리고 장애를 가진 사람들에 대한 격리나 차별은 말할 것도 없이 반드시 그들에게 큰 인격상의 일탈을 가져온다. 그러므로 기독교 사회

---

14) Erikson, op. cit., pp. 247~274.

15) Ibid., p. 273.

복지의 목표는 생활의 질의 관점에서 정의를 추구(追求)하여 인간성을 되찾는 것에 있으며, 사회·심리적 분석 수법을 통해 현재의 사회복지 서비스 체계를 면밀히 조사할 필요가 있다.

개성의 발달은 사회적 가치관과 문화가 서로 상관 관계가 있는 것처럼 인간 관계와 상호 관계에 있다. 다만 가장 친밀하고 영향력 있는 인간 관계는 가족인데, 그 중에서도 특히 부모님이다. 그리고 그 다음으로 지역에서의 관계, 사회적 가치나 문화 도는 환경 등으로 관계가 이어지게 되는데, 이들 가치는 서로 영향을 주며 시대나 지역에 따라 변화한다.

〈그림 4〉는 인간 개인의 내면적 관계, 인간 관계를 시계열적으로 나타내고 있다. 인간의 인격은 시간과 함께 발달하지만 가족, 지역, 사회, 환경도 또한 변화한다. 인간의 발달은 이와 같이 활력과 변화에 영향을 받게 된다.

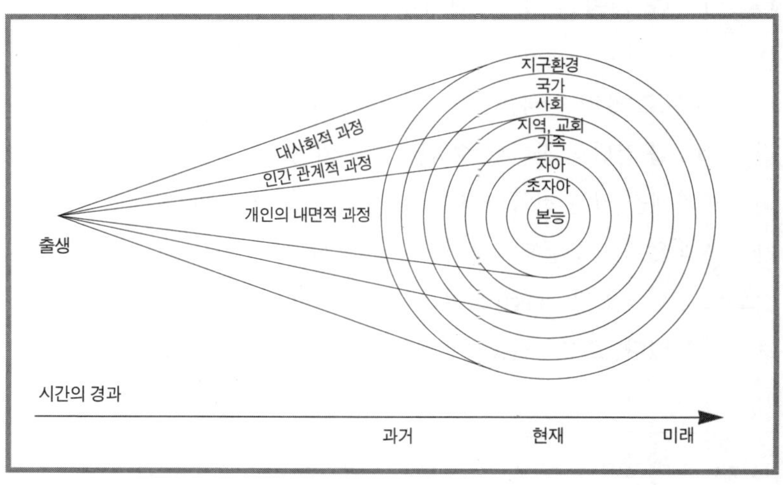

〈그림 4〉 인격 발달 과정[16]

우리들의 희망은 하나님의 정의와 사랑을 향해 활기차게 성장하는데 있다. 장애를 가진 사람들의 인간 관계나 환경은 그 개성에 끊임없이 영향을 받으며, 가족이나 지역의 태도에는 사회적, 경제적, 정치적 구조와 마찬가지로 장애를 가진 사람들에 대한 윤리나 가치가 포함되어 있다. 역사적으로 그들은 차별을 받고 억압되어 왔다. 우리는 여기서 생활 주기 이론을 이용해 장애를 가진 사람들의 생활의 질을 광범위한 견지에서 분석할 수 있다.

2. 생활 주기의 각 단계

(1) 태아기

의료기술의 진보로 임신 초기에 양수 검사를 통해 다운증후군, 염색체 이상, 척추 카리에스(caries) 같은 증세를 쉽게 진단할 수 있게 되었다. 이러한 기술은 오랜 세월에 걸쳐 널리 쓰이고 있던 뢴트겐(Roentgen)이나 초음파 등 다른 연구 분야에도 응용되었다. 그리고 DNA 검사로 알려진 극히 최근의 연구에 의해 인체 조직의 이상이나 장애 여부를 간단히 판단할 수 있는 시대가 오고 있다.

1988년에는 일본 전국의 종합병원 중 세 곳에서 260건의 DNA 검사가 실시되었다. 그 결과로 193건(74퍼센트)이 장애를 갖고 있지 않는 것으로 진단되었고, 63건(24퍼센트)이 어떠한 장애를 갖고 있는 것으로 진단되었다. 또한 4건(2퍼센트)은 불명이었다. 그 가운데 검사 결과

---

16) アキイエ・ヘンリー・ニノミヤ,「人格形成ファターと患者のQOL」,《病院》, 第46卷 12號 1987年 2月, 醫學書院.

장애가 있는 것으로 진단된 임산부는 모두 중절을 하였다.

이렇듯 DNA 검사는 장애를 가진 사람들에 대한 기본적인 가치관, 태도, 인간성에 도전을 하고 있다. 또한 이 검사는 장애의 유무를 조사하는 데 유효하기 때문에 장애를 가진 사람들에 대해 새로운 차별을 조장할 가능성이 있다. 장애를 이유로 중절한다고 하는 것은 의료기술이 진보하였기 때문에 생겨난 새로운 현상이자 장애에 의하여 생긴 새로운 태도인데, 이런 현상이나 태도는 장애를 가진 아이는 세상에 태어날 가치도 없다는 식의 차별을 조장할 수 있다. 또한 장애를 가진 채 태어나면 현대 의료기술 검사가 실패한 것으로 간주하여 그들을 2급 시민으로 취급한다. 현대 의료기술을 숭배하는 사람들이 많아짐에 따라 사회에서는 과학기술에 긍정적인 가치를 부여하고 실패에는 부정적인 가치를 부여한다. 그래서 실패, 즉 장애를 가진 사람들을 부끄럽게 느끼게 되고 그들의 생활이나 생명이 부정될지도 모른다. DNA에 관한 의료기술이 가지는 또 하나의 위험성은 어떤 새로운 가치관을 발전시키는 것이다. 즉, 인간은 온전한 육신을 가져야만 된다고 하는 가치관인데, 이 가치관에 의하면 태어날 때에는 장애를 갖고 있지 않았더라도 살아가면서 병이나 환경 오염, 화학 약품, 사고 등에 의해 장애를 갖게 된 사람도 불완전한 인간이라는 것이다. 그래서 후천적으로 장애를 갖게 된 사람도 차별을 받게 되며, 이 문제는 장애아의 중절을 넘어 널리 퍼져 나가고 있다.

인간은 모두 나이를 먹는다. 다시 말해 나이가 늘어남에 따라 청각, 시각, 후각, 기억력 등이 저하되면서 사람들 대부분 장애를 갖게 된다. 장애를 가진 아이를 중절하는 것은 장애를 가진 사람들은 가치가 떨어지거나 가치가 없다고 하는 새로운 가치관을 만들어 낸다. 따라서 나이가 많은 사람이라 해도 이제는 공경의 대상이 아니라 경멸과 차별의 대상이 되는 것이다.

불의로부터 해방되어지기 위해서는 하나님과의 교제, 즉 코이노니아가 필요하다. 그래야 친밀감 있는 교제, 인간의 존엄성을 높이는 공동체 그리고 여러 사람으로 구성되는 인간 사회가 완성되는 것이다. 생활의 질의 기본은 삶의 권리가 보장되는 것이므로 장애 때문에 그 존재가 부정되어서는 안 된다.

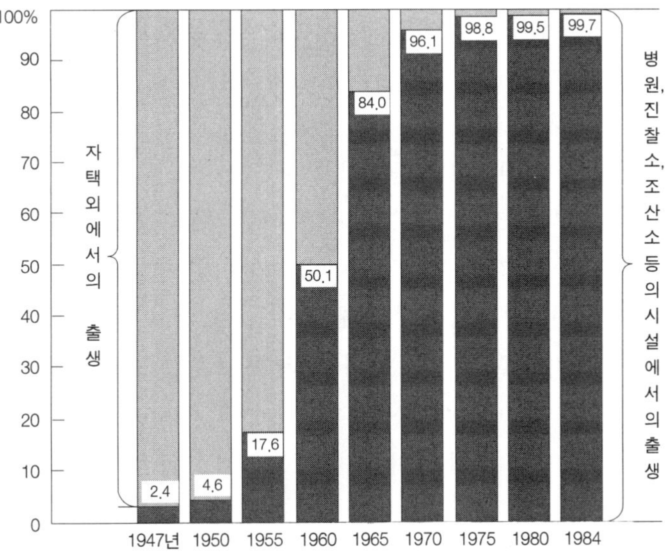

〈그림 5〉 일본에서의 출생장소[17]

---

17) アキイエ・ヘンリー・ニノミヤ, 「人格形成ファクターと患者のQOL」, 《病院》, 第46卷 12號 1987年 2月 醫學書院.

(2) 탄생기

일본은 20세기 후반으로 들어서면서 아이가 태어나는 장소에 급격한 변화가 일어났다.(〈그림 5〉 참조)

전통적으로 아기는 집에서 태어났는데 요즘에는 거의 모든 아기들이 병원에서 태어난다. 1947년에는 97.6퍼센트의 아기가 집에서 태어났지만, 1988년 이후에는 99.7퍼센트의 아기가 병원 등의 시설에서 태어나고 있다. 그래서 지금은 거의 대부분의 일본인들이 아기는 당연히 병원에서 태어나는 것으로 생각하고 있다.

40년 전까지만 해도 일본에서 아기는 조부모, 부모, 형제 자매가 함께 사는 생활 공간에서 태어났다. 그런데 이런 전통이 병원에서 태어나는 것이 인격 형성에 어떤 영향이나 가치관을 주고 있는지에 대한 논의나 분석도 없이 사라져가고 있다. 현대 의료기술이 절대시되고 많은 사람들에게 긍정적으로 받아들여지고 있는 것이다.

어디에서 태어나는가는 여러 가지 단계에서 자기를 동일화하는데 실로 중요한 의미가 있다. 필자는 베트남의 산악 민족과 함께 일한 적이 있는데, 그들의 아기들은 대부분 마을 사람들이 지켜보는 앞에서 태어났다. 산모는 마을의 광장에서 출산하게 되며, 거기서 많은 마을 사람들은 아기가 민족의 일원이 되는 것을 지켜보기 위해 입회하는 것이다. 그리고 캐나다 정부는 캐나다의 영토 내에서 태어난 사람에게는 전부 시민권을 준다.

일본의 가족제도에서는 그 집에서 태어난 아이를 '우리 아이'라고 부르고, 그렇지 않은 아이를 '남의 아이'라고 부른다. 한편 병원 등에서 태어난 아이는 '우리 아이'라고도 '남의 아이'라고도 하지 않는다. 새로운 유형의 정체성이 산업화 이후 출현한 것이다. 그 결과 친족 관계는 의미를 잃어가고 있다. 1960년대에는 핵가족이 등장하였고, 1980

년대에는 그것이 더욱 적은 인원으로 변하고 있다. 더욱이 요즘에는 남자들의 생활이 직장이나 사회생활에 얽매어 있어, 심지어는 아기의 출산 예정일까지 직장의 일정에 맞추는 경우도 있다. 아기가 태어나는 장소나 날짜가 자연스럽게 이루어지는 것이 아니라 산업이나 의료기술에 지배를 받는 것이다.

또한 요즘에는 장애를 가진 아기가 태어나는 것을 의료기술의 실패로 보고 아기를 부모나 가족으로부터 격리시켜 장기간 병원에서 치료받게 한다. 하지만 신생아를 어머니로부터 떼어 키우면 가족 관계, 특히 모자 관계에 있어서 부정적인 인격이 발달하게 되는데, 그것은 어머니와 신생아에게는 다음과 같은 상징적인 관계가 있기 때문이다.

가. 냄새와 인간 관계

최근 생리학 조사[18]에 의해 냄새가 신생아와 가족, 특히 어머니와 아기 사이에는 중요한 의사소통 수단으로 밝혀졌다. 아기의 냄새는 어머니가 아기를 인식하는 데 있어서 중요한 요소의 하나로서 의식적으로나 무의식적으로 어머니는 자기의 냄새와 신생아의 냄새를 알고 있다. 그것은 어머니의 자궁 안에서 아기가 자랄 때 어머니가 먹고 느낀 것을 아기도 똑같이 먹고 느낀다는 것과 같다. 전통적으로 일본에서는 집에서 출산을 했는데, 분만이 끝나고 산파가 신생아를 목욕시키면 아기와 함께 나온 양수나 지방의 냄새가 집 안에 가득 차게 되어 조부모와 부모 그리고 형제 자매는 그 냄새를 가족의 일원의 것으로 의식하게 된다. 그것은 가족 모두가 같은 것을 먹고 자라며 같은 생물학적 소화기관을 가지고 있기 때문이다.

---

18) Akiie H. Ninomiya, p. 1050.

그러나 병원에서 태어난 아기는 소독되어 냄새가 거의 없게 된다. 더구나 장애를 가진 아기는 통상 병원에서 장기간 입원 치료를 받게 되므로 퇴원할 때에는 가족이라고 느낄 수 있는 냄새가 없다. 게다가 이런 아기는 모유로 키우지 못하고 거의가 우유, 인공 젖, 특별 조제된 영양식 등으로 영양을 공급받게 된다. 그 결과 장애를 가진 신생아는 가족은 물론 어머니에게조차 받아들여지기 어렵게 된다.

신생아도 냄새에 의해서 어머니를 식별할 수 있다. 어머니의 브래지어와 또 다른 사람의 것을 아기의 얼굴 양쪽에 각각 놓았을 때 아기는 즉각 어머니 것으로 얼굴을 돌린다. 그러므로 어머니로부터 아기를 떼어 놓으면 아기는 어머니의 냄새를 느낄 수 없게 되고 큰 공포와 불안을 느끼게 된다. 분리와 고독은 신생아에게 큰 상처로 남아 불신감을 발전시키게 된다.[19] 일본에서 만난 어머니들 중 여러 사람이 장애를 가진 아기가 2주 간 이상 병원에 입원하게 될 때, 장애를 갖지 않은 아기와 전혀 다른 행동을 보인다고 말하고 있다. 장애를 가진 아기는 어머니로부터의 자극에 대한 반응도 둔하여 어머니와 아기가 양호한 관계를 확립하는 데에는 상당한 시간이 필요하다.

1980년에 행해진 클라우스와 켄넬(Klaus & Kennel)의 공동조사[20]에 의하면 분만 후의 시간의 추이와 어머니와 아기가 처음으로 대면하는 시간은 모자 관계에 있어 직접적인 상호 관계가 있다. 분만 후 13시간 이내에 대면하는 것이 분만 후 3일 뒤에 처음으로 대면하는 것보다 훨씬 친밀도가 높다는 것이다. 이 연구에서 볼 때, 보다 친밀한 관계를 발전시키기 위해서는 어머니와 아기가 분만 후 곧 함께 있는 것이 좋다는

---

19) Erikson, op. cit., pp. 247~251.

20) Akiie · H. Ninomiya, p. 1051.

것을 알 수 있다. 물론 장애를 가진 아기는 병원에 있음으로써 고도의 치료는 받을 수 있겠지만, 한편으로는 '의료기술'이라는 새로운 '신'의 이름 아래 아기와 어머니가 친밀도를 느낄 수 있는 기회를 **빼앗**기게 된다.

일본의 거의 모든 병원에서는 5분이나 10분을 만나는 데에도 특별한 허가가 필요한데, 병원에서는 어머니와 가족들을 위해 부모와 아기가 언제든지 만날 수 있도록 병동을 개방해야 한다. 그리고 의료 사회복지사는 아이와 가족이 친밀한 관계를 형성하는 데 중요한 역할을 해야 한다. 또 병원에서는 운영에 관한 기술에 앞서 인간 본위의 의료로 개선해야 할 것이며, 공동체와 사회복지사는 진료의 전문가나 보건소의 복지사를 통해서 재택 원조를 가능하게 함으로써 지역에 뿌리내린 공급 체계를 발전시켜 나가야 한다.

나. 청각(聽覺)

태아는 어머니의 심장 고동소리, 기본적인 생활음 등을 들으면서 성장하며, 그것을 무의식의 단계에서 깊게 기억한다. 그래서 어머니가 아기를 안을 때 아기 머리를 왼쪽 가슴에 안으면 아기는 어머니의 심장 고동소리를 들으면서 편안함을 느끼게 된다.

보통 쇼핑을 할 경우에는 오른쪽이나 왼쪽에 관계없이 쇼핑백을 안고 다니지만, 병원의 산후 회복실에서는 어머니가 아기를 왼쪽 가슴에 안고 있는 모습을 쉽게 볼 수 있다. 이것은 의식적이든 무의식적이든 어머니는 아기와 청각에 의한 의사소통을 취하고 있는 것이다. 또한 어머니는 아기의 울음 소리를 알기 때문에 아기가 울면 그 소리를 듣고 뇌에서 뇌하수체에 명령을 보내 호르몬이 분비되면서 모유를 내보내게 된다. 하나님은 자아와 다름없는 이드(id; 유전기질, 본능적 충동)

나, 초자아의 단계까지도 청각에 의해서 의사소통할 수 있도록 인간의 몸을 만들었다. 아기의 우는 소리가 들리면 어머니에게서 모유가 나온다고 하는 반응은 아기와 어머니는 공생 관계에 있음을 보여 준다.

태아는 또한 어머니 이외에 가족들의 소리나 취사 같은 생활음도 듣는다. 그래서 신생아는 생활음을 들으면서도 편안함을 느낀다. 일본에서는 전통적으로 신생아는 어머니 곁에서 자기 때문에 어머니의 소리뿐 아니라 다른 가족의 소리나 생활음을 듣게 된다.

그러나 장애를 갖고 태어난 신생아는 태어남과 동시에 어머니로부터 격리되고, 어머니와 아기 사이에 아무런 의사소통 없이 의료 기기나 의사 또는 간호사의 소리만 듣게 된다. 중증의 장애를 가진 아기는 외부와 접할 수 있는 두 개의 구멍밖에 없는 보육기 속에 들어가게 되고, 어머니는 5분에서 15분 정도의 시간밖에 면회를 할 수 없다.

1988년, 친구 목사의 아기가 뇌수종으로 진단되어 반년 후에 병원에서 사망했다. 친구는 필자와의 편지에서 실제 매일 병원에 갔었지만 아기를 안아 본 시간은 다 합해 두 시간 정도밖에 안 되었던 것에 얼마나 충격을 받았는지를 적고 있었다. 일본에서는 장애를 가진 아기는 보육기 안에서 거의 가족과 접하지 못한 채 생활하게 된다. 병원에서는 현대 의료기술에 의한 양호한 치료는 받을 수 있겠지만 인간 관계는 최소한의 것밖에 기대할 수 없다. 아직 병원에서 장애를 가진 신생아에 대해서 심리학적 관점에서 조사한 것은 없지만, 아이의 정신적으로나 심리적인 필요에 관해서 고찰하는 것은 그래서 매우 중요하다.

다. 시각(視覺)

태어나자마자 아기는 30분에서 60분 사이에 출산 직후의 기민성을 경험하게 되는데, 그 때 아기는 방, 특히 어두운 방을 둘러보게 된다.

로렌츠(Lorentz K)는 그것은 인간의 각인 현상으로 그 때 어머니와 가족의 얼굴이 아이의 무의식 단계에 기억된다고 했다.

그러나 병원에서 태어나는 아기는 밝은 분만실에서 태어나 곧 신생아실로 옮겨지며, 통상 어머니는 분만 후 약 2시간이 지나야 아기의 얼굴을 볼 수 있게 되기 때문에 얼굴을 기억하기 힘들다. 병원에서는 '의료기술' 이라는 이름 아래 어머니와 신생아의 관계 형성을 저해하고 있는 것이다.

눈은 인간의 감정을 표출하는 기관이기도 하다. 전에는 신생아가 사물을 볼 수 있게 되는 것이 생후 4개월 정도라고 했는데, 최근의 시각 생리학 연구에 의하면 생후 36시간 정도가 지나면 30센티미터 정도 떨어진 곳을 볼 수 있다는 것이다. 그러므로 신생아는 수유를 받으면서 어머니의 눈을 볼 수 있는 능력이 충분히 있어 어머니의 기분을 느낄 수 있다. 현재 일본의 병원에서 아버지가 아기를 만날 수 있는 것은 신생아실 창문 너머로 뿐이고, 심한 경우 어머니도 수유할 때 외에는 직접 만날 수 없다. 부모에게는 자기의 아기를 만나거나 안을 권리가 있는데 의료기술 앞에서는 그것이 받아들여지지 않아 인간 관계가 흐려져 가고 있다.

장애를 가진 아기는 보육기 속에 들어가 많은 의료 전문가들의 얼굴을 보게 된다. 그러나 어떤 한 사람을 확실하게 인식할 수 있을 때까지 접근하거나 친밀감을 보이지 않는다. 이러한 것이 수주간 계속되면 시각적인 인격 발달에 상당한 손상을 입게 된다.

라. 스킨십

신생아는 어머니의 자궁에서 분만될 때 급격한 분리를 경험한다. 그래서 스킨십은 신생아에게 있어 가장 중요하다. 일본에서는 전통적으로 어머니가 거의 하루종일 아이를 안아 주고 밤에도 함께 잔다. 아기는 어머니에게 안겨 있을 때 깊은 안심을 느끼고, 어머니는 아기와의 스킨십에 의해서 어머니로서의 본능을 갖게 된다. 아기와 어머니는 하나의 신체적 구성 관계이다.

1980년에 시행된 클라우스와 켄넬의 조사율[21]에서 보더라도 어머니와 신생아의 스킨십은 시간에 비례하여 변화해 가는 것이 분명하다. 분만 후 1시간 반에서 13시간 사이에 아기를 만날 수 있는 어머니는 곧 아기의 손발을 만지기 시작하여 몸 전체를 만져 본 후 껴안는다. 그러나 분만 후 3일 이상 지나서 아기를 만난 어머니는 분명히 아기를 안는 것이 느리다.

장애를 가진 아기는 어머니와 스킨십을 할 기회가 거의 없다. 보육기는 어머니 대신이 될 수 없기 때문이다. 후생성의 통계에 의하면 근래 10년 사이에 약 100만 명의 미숙아가 태어났다. 이와 같은 아기는 스킨십을 할 기회가 거의 없었고, 그 중에는 장애를 가진 아기도 포함되어 있다.

아기의 탄생은 자연스러운 과정이지 병이 아니다. 그러나 현재의 의료 체제에서는 어머니와 아기를 환자로 취급한다. 완전히 현대 의료기술의 지배하에 들어가 있다고 볼 수 있다.

의료기술은 날로 발전을 거듭해 일본 사회에서 높은 평가를 받고 있다. 한편 생활의 질이나 인간 관계의 질은 오히려 후퇴하고 있다. 병원은 주로 의료 전문가에 의해서 구성된 독립된 사회다. 환자는 병원의 권력 구조에서 볼 때 가장 밑에 놓여질 수밖에 없다. 따라서 그들의 권리나 발언권은 쉽게 인정되지 않는다. 의사는 전문가로 때로는 전지

---

21) Akiie · H. Ninomiya, p. 1052.

전능한 신같이 생각되어지고 있다. 하지만 의사들 가운데는 인간 관계나 인격 발달의 분야에 관해서 교육을 받지 못했거나 훈련도 받지 못한 경우가 많다. 그래서 병원을 운영하는 데 있어서 치료의 필요와 환자의 필요 사이에 균형을 맞출 필요가 있다.

최근 캐나다에서 아동학대증(Battered Child Syndrome)의 원인을 조사한 결과, 학대당하는 아동의 대부분이 미숙아였던 것이 밝혀졌다. 미숙아로 출생하였기 때문에 수주에서 수개월에 걸쳐 장기간 입원할 수밖에 없었을 것이고, 이로 인해 모자 분리가 의료적 견지에서 행해질 수밖에 없었을 것이다. 이것만 보더라도 신생아와 가족, 특히 어머니와 아기의 관계가 얼마나 중요한지 이해할 수 있다. 또한 중증의 장애를 가진 신생아가 장기간에 걸쳐 의료 관리 아래 놓여지는 것이 유아기의 인격 형성에 얼마나 큰 저해 요인으로 작용하는지 추측할 수 있다.

(3) 유아기와 조기 아동기

가. 유아기

에릭 에릭슨은 유아기를 '구순기(사랑기)' 라고 불렀다. 입은 음식물을 받아들이는 중요한 기관이다. 그러므로 유아의 생명은 입에 달려 있다고 해도 과언이 아니다. 사랑 또한 같은 방법으로 표현된다. 어머니는 아이에 대한 사랑을 유방을 통해서 표현한다. 어머니의 유방과 아기 입의 관계는 자기가 속한 문화에 영향을 받아온 생활 양식에 따르게 된다. 입과 유방의 관계는 가장 처음 접하는 문화 양식으로, 이것은 '얻는 것' 을 의미하는 것이지[22], 자기가 노력하여 '획득한다' 는 것이 아니다. '얻는 것' 은 주어지는 것을 그냥 받아들인다는 의미이다.

---

22) Erik H. Erikson, *Identity and the Life Cycle*, Norton, 1980, p. 60.

일본에서는 전통적으로 유아는 언제나 어머니 옆에 있으면서 울음소리를 통해 수유를 받았다. 유아가 수유를 받기 위해서 정해진 시간은 따로 없다. 이렇게 어머니는 아기와의 의사소통 방법이기도 한 수유의 방식을 배우며, 이러한 어머니와 아기의 관계는 서로가 편안한 상태에 있는 것이다.

그러나 장애를 가진 유아는 병원에 있기 때문에 어머니로부터 격리되어 시간에 맞춰 수유를 받게 된다. 그래서 장애를 가진 유아의 어머니는 아기와의 관계에 쉽게 적응하기 어렵다. 왜냐하면 우선 어머니가 병원의 규칙에 적응하지 않으면 안 되고, 의사를 비롯한 의료진들과의 관계에 먼저 마음을 써야 하기 때문이다. 어머니가 유아와의 관계를 확립하는 데 있어 신뢰감을 잃어버리면 서로에게 여유가 생기지 않고 오히려 긴장감이나 불안이 생기게 된다. 그 결과 어머니에게는 욕구불만이, 아기는 격리에 따른 불안과 부족한 스킨십 등으로 기본적 신뢰에 대한 상실감을 경험한다. 때로 아기는 지독한 소아우울증에 걸릴 수도 있다.

병원에 있는 유아는 집에서 자란 유아와 다른 문화를 경험하지만 기초적인 문화적 인간 관계는 입과 유방의 관계에 의지하고 있다. 그래서 장애를 가진 유아는 문화적 차이에 의해 사회에서 밀려나 버리게 된다.

일본에서는 전통적으로 아기를 데리고 외출할 때 등에 업고 외출한다. 어머니는 아기가 떨어지지 않도록 등에 업고는 허리띠로 묶고, 바람이나 추위로부터 보호하기 위해서 외투를 걸친다. 이렇게 함으로써 아기의 몸은 어머니의 등에 밀착되어 스킨십이 가능하고, 아기는 어머니의 심장 고동소리를 들을 수 있게 된다. 또한 아기는 어머니의 냄새를 맡거나 목이나 등을 빨기도 한다. 그리고 어머니가 걸으면 자궁 속에 있었을 때와 같은 리듬을 느낄 수 있다. 아기가 어머니의 등에서 내려오는 것은 어머니가 자고 있을 때 정도이다. 이렇듯 일본의 문화는 공생 관계를 장려한다.

그러나 장애를 가지고 집에서 자라는 아이는 종종 기계적이고 비인간적인 금속제 유모차에 태워진다. 그래서 아이는 어머니의 냄새를 맡을 수도, 모습을 볼 수도, 몸에 접촉할 수도 없다. 오히려 유모차의 스프링이나 바퀴로부터 들려오는 기계적인 리듬을 느낄 뿐이다. 그럼에도 장애를 가진 아기에게 유모차는 대표적인 필수품으로 되어 있다. 유모차는 대단히 편리하고 기능적인 동시에 아이와 어머니의 관계에까지 영향을 미치고 있다.

제2차 세계대전 후, 일본인의 생활 양식이 급격히 변화되었다. 서양의 생활 양식을 지향하는 사람이 많아져 1950년대에는 미국에서 분유가 대량으로 수입되었다. 많은 일본인들은 분유에는 비타민이나 칼슘 등이 포함되어 있어 모유보다 영양이 높을 것이라고 믿었으며, 마치 미국인과 같이 건강하고 키가 큰 아이로 자라게 해 주는 약이라도 되는 양 아기에게 분유를 먹이기 시작했다. 그런데 불행한 것은 12,000명 이상의 아기가 장애를 갖게 되었고, 그 중 133명이 사망했다. 모리나가의 분유에 비소가 들어 있었기 때문이다. 이 때의 아이들이 지금 30세가 되어 시설에서 생활하고 있다.

또한 1950년대에는 어머니들 사이에 우울증이 높은 비율로 퍼졌는데, 이것은 새로운 현상이었다.[23] 그 이유는 전통적인 육아 방법이 미국의 양식보다 뒤떨어진 것으로 간주되었기 때문에 많은 어머니들이 아기를 어떻게 키우면 좋을지 몰라서 고민하기 시작했기 때문이라고

---

23) 高度成長期を考える會, 『高度成長と日本人-誕生から死までの物語』, 日本エデイタ-スク-ル 出版部, 1985年.

한다. 아기는 병원에서 태어나고, 핵가족은 대가족과 달리 아이를 키우기에는 적합한 관계가 사라져 버렸다. 거기에 새로운 서양의 가치관이 갑작스럽게 전통적인 일본의 가치 제도를 바꾸어 막대한 스트레스를 만들어 낸 것이다.

장애를 가진 사람들의 특징 중 하나는 인간 관계를 확립하는 기술의 부족이다. 이 특징은 의료기술 제도의 결과 생활 단계의 초기에서 나타나기 시작한다. 그러므로 병원에서는 어머니와 함께 치료를 받는 체제를 만들고 있으며, 이것에 따라 어머니와 아기가 생활을 같이 하며 재택 의료 혜택을 받을 수 있도록 해야 한다.

신뢰의 정도는 음식물이나 애정 표현의 양으로 결정되는 것이 아니고, 오히려 어머니와 아기가 어떤 관계에 있는가로 결정되는 것이다. 그러므로 어머니는 자기의 생활 양식 안에서 아기 개인의 필요를 채우거나 개인적 신뢰감을 견고히 하여 신뢰감을 갖게 해야 한다. 어머니의 신뢰에 대한 태도와 생활방법은 그 지역 안에서 널리 믿고 있는 종교적 생활 양식에 따라서 많이 달라진다. 그리고 어머니에게 신뢰 회복의 필요는 종교상 의식적 실천행위의 일부가 된다.

어머니가 아기의 양육에 깊은 의미가 있다고 확신하는 것은 유아와의 신뢰 관계의 질을 향상시키는 데 있어서 매우 중요하다. 이 확신이 바로 신앙이다. 즉 모든 생명을 만드신 하나님의 존재를 신뢰하는 것이다. 하나님이 "사람이 독처하는 것이 좋지 못하니"라고 말씀하시고 가족을 만들 수 있는 은혜를 주셨으며, 그 은혜에 자기가 동참하고 있다는 확신이다.

특히 급격히 변하는 유아의 양육 방법, 병원으로 옮겨진 출산 장소, 핵가족제도, 유아 양육정보의 범람 등으로 어머니나 부모들이 혼란스러운 시대에 목사에게는 생명 창조의 중심에 서서 어머니와 유아의 신뢰 관계 회복을 돕는 목회(牧會)가 요구된다. 그럼으로써 어머니는 내면의 분열이나 혼란을 회개와 찬송 그리고 기도 등을 통한 신과의 대화에 의해서 내면적인 통일을 얻을 수 있게 된다. 교회의 의식이나 예배 형식에 이러한 점을 충분히 배려하는 것도 중요하다.

에릭슨은 이 점을 다음과 같이 말하고 있다.

"신앙을 갖고 있는 사람은 종교로부터 신앙을 끌어 내지 않으면 안 된다. 그리고 이 신앙은 기본적 신뢰라는 형태로 아기에게 전달된다."

앞으로는 교회의 유아세례나 축복식을 단순한 의식으로 할 것이 아니라 상기의 기본적 신뢰를 충분히 배려하면서 준비하지 않으면 안 된다. 하나님과의 분리에 대한 두려움, 하나님과 일체되려는 소망과 믿음이 유아와의 일체감이나 신뢰감을 성장시켜 주기 때문이다.

누가복음 1장 46~55절은 어머니 마리아가 아기 예수에게 들려준 자장가라고 할 수 있는데, 어머니 마리아의 신앙과 하나님으로부터의 계시가 아기 예수에게 그대로 전해지고 있음을 볼 수 있다.

1. 주께 대한 깊은 신앙
2. 겸손한 신앙 태도 — 자기를 낮추는 삶의 태도
3. 정의감 — "그의 팔로 힘을 보이사 마음의 생각이 교만한 자들을 흩으셨고 권세 있는 자를 그 위에서 내리치셨으며 비천한 자를 높이셨고 주리는 자를 좋은 것으로 배불리셨으며" (눅 1:51~53)

이같은 어머니 마리아의 가치관은 예수의 선교에 깊이 관계되어 복음서의 여러 곳에서 어머니 마리아의 찬송을 그대로 실행해 보여 주고 있음을 알 수 있다.

1. "가난한 자에게 복음을 전하게 하시려고 포로된 자에게 자유를

눈먼 자에게 다시 보게 함을 눌린 자를 자유케 하고(눅 4:18)

2. 화있을진저 너희 이제 부요한 자여 화있을진저 너희 이제 배부른 자여 너희는 주리리로다"(눅 6:24~25)

이처럼 어머니의 신앙과 그 신앙의 내용은 아이가 살아가는 데 있어서 기본적 가치관이 된다. 유아의 어머니와 아내나 아이를 돕는 아버지의 신앙 또한 아이에게 있어서 대단히 중요하다. 성서는 이처럼 목회가 아이뿐 아니라 그 부모의 신앙을 더 높은 곳으로 이끄는 데 얼마나 중요한가에 대해 가르치고 있다.

나. 조기 아동기

조기 아동기는 '항문기' [24]라고도 하는데, '자율성 대 부끄러움과 의혹' 이 기초 과제가 된다.

인류학자인 루스 베네딕트(Ruth Bennedict)는 "일본의 문화는 부끄러움의 문화다" [25]라고 말하고, 부끄러움이 중심적인 특징이라고 했다. 일본의 무사는 창피를 당할 정도에 이르면 죽음을 택한다. 일본 문화에는 '체면을 세운다' 라고 말하는 사회적 제도가 있어, 이것에 의해 '체면을 세운다' 는 것과 '창피를 당한다' 는 것 사이에 균형을 유지하고 있는 것이다. 요즈음에도 수치 대신에 죽음을 택하는 경우가 종종 있는데, 범죄 혐의를 쓴 경우가 전형적이다. 즉 혐의를 쓴 사람이 무죄를 증명할 수 없는데다 도와 주는 사람도 없는 경우 자살을 함으로써 무죄를 증명하고자 한다.

---

24) Erikson, op. cit., p. 68.

25) Ruth Benedict, *The Chrysanthemum and the Sword:Patterns of Japanese Culture*, Houghton Mifflin, Boston, 1989.

1세기 전까지만 해도 일본에서는 기저귀를 쓰지 않았다. 나이 많은 아이나 근처의 아이들이 어린아이들을 덤불 속으로 데리고 가서 배변을 보게 했다. 그리고 그것을 계속함으로써 어린아이는 나이 많은 아이들을 모방하며 친밀감을 더하여 갔고, 부모는 배변에 대한 예의범절을 따로 가르칠 필요가 없었다. 그러던 것이 제2차 세계대전 후 미국의 점령 하에 있을 때 서구화의 물결이 밀려오면서 기저귀가 쓰이기 시작했는데, 이때부터 전통적인 방법이 급속히 쇠퇴하여 갔다. 그리고 지금은 아이들 모두에게 기저귀를 채우는 것은 물론 특정한 장소와 시간에 따라 항문의 괄약근을 조절할 수 있도록 하는 배변 훈련(toilet training)까지 시키고 있다. 즉, 일정한 시간과 일정한 장소에서 항문 기능을 실수 없이 조절하고, 언제나 청결하게 해야 한다는 가치관이 초래된 것이다. 그로 인해 일본에서는 규칙적이고 꼼꼼한 개성이 발전하였다.

그러나 장애를 가진 아이는 의학적인 치료가 최우선시되기 때문에 배변 훈련 같은 것에 신경 쓸 여유가 없다. 이렇게 병원에 있는 아이는 배변 훈련을 받을 수 없기 때문에 결국은 의료진들에게 자신을 내맡기게 되어 부끄러운 마음이 발달하게 된다. 이것은 결국 병원 제도에 결부되어진다. 장애를 가진 아이들은 '자기 발로 서야한다' 는 동기가 없기 때문에 서거나 걷지 못하게 되는 경우가 많이 있다. 때로 이와 같은 아이들은 자기가 미숙하고 어리석어서 버림을 받았다는 생각을 갖게 되는데, 에릭슨은 이것을 '부끄러움 또는 의혹' 이라고 했다. 또한 자율의식은 부모의 생활로부터 나오는 개인적 자립의식에 달려 있다. 다시 말해 신뢰의식이 강한 것은 현실적으로 성실함을 반영한 것이라 할 수 있으며, 자율의식은 개인으로서 부모의 위엄을 반영한다.[26] 그렇기 때문에 앞으로 의료 기관은 아이의 자율성을 높이기 위해서 부모의 원조적인 역할을 받아들여 팀웍에 의한 접근을 시도해야 한다.

이상적인 부모는 단호한 태도를 취하면서 동시에 관대하고 싶어한다. 이것은 자율적인 인간을 자랑스럽게 생각하는 것으로 유아의 자율성을 인정함으로써 자신을 갖게 한다.

자율성이라는 감각은 부모가 정당한 권위와 합법적인 독립의 감각을 표현할 수 있는 것 같이 유아도 계속된 교육에 의해서 육성된다. 이 자율성은 후에 아이의 인생에 있어서 자신감 넘치는 희망을 부여해 준다. 그렇기 때문에 사회적 지위를 중요시하는 사회 구조 속에 살고 있는 부모의 기본적 권위는 부부, 부모와 회사, 정부 그리고 부모와 하나님과의 관계에 영향을 준다. 이 감각은 법과 질서의 원칙 그리고 하나님의 율법과 신앙 생활의 본연의 자세에까지 관여된다. 신앙의 자율성에 대한 목회 차원에서의 배려도 이 시기부터 필요하다.

(4) 유희기와 학령기

가. 유희기

유희기에는 유희적 정체성을 지향한다. 4~5세의 아이는 이미 자기가 어떠한 사람이 되고 싶은지에 대해 알고 있다. 즉 아이는 부모처럼 되길 바라는 것이다. 사내아이는 아버지처럼 되고 싶다는 생각을 하면서도 어떻게 하면 어머니를 독점할 수 있을까 하는 공상을 하게 되고, 동시에 아이는 아버지와 신에 대하여 죄악감을 느낀다(오이디푸스 콤플렉스). 한편 여자아이는 어머니처럼 되고 싶다는 생각을 하며, 아버지와 결혼하고 싶다는 공상을 하게 된다. 또한 그것과 동시에 아버지와 신에 대하여 죄악감을 느낀다. 유희기에 있는 아이는 보다 자유롭

---

26) Erikson, Ibid., p. 75.

게 많이 돌아다니는 것을 학습하게 되고 보다 넓고 무한한 범위의 목표를 확립한다. 이때 아이의 언어 감각도 많은 질문을 하는 것으로 완성된다고 할 수 있다.

또한 아이는 놀이를 하면서 자기도 영웅이 될 수 있다는 상상을 하게 된다. 대표적인 예로 C. S. 루이스의 『나니아 연대기』에 나오는 사자 혹은 예수 그리스도와 자신을 동일시하기도 한다. 이 놀이의 과정은 성장함에 따라서 더 사회적인 인간상이나 역할, 사상, 가치관에 대한 인생의 실험적인 동일시로 발달해 간다. '내가 만일 슈퍼맨이라면…, 만일 내가…라면…할텐데' 라는 식의 공상에 부모의 이야기나, 보육원 유치원에서의 지식, 그 위에 교회 학교의 가르침이 되풀이되면서 통합되어 가는데 이것은 청년기의 정체성을 이룰 때까지 계속될 수 있다. 이 유희적 정체기의 기회가 많이 주어진 아이는 자발성과 적극성 또는 주도성이라고 불리는 인격의 핵을 잘 형성하여 간다. 그러나 이런 기회가 적고 친구와의 교제가 많지 않은 아이는 소외되어 쓸모 없는 아이, 귀찮은 아이, 번거로운 아이라는 딱지가 붙게 되고 스스로도 죄악감을 강하게 느끼는 경우가 많다.

장애를 가진 아이는 그 장애 때문에 처음부터 행동 범위나 말에 제약을 받게 된다. 보육원과 유치원으로부터도 입학을 거부당하고, 병원 등의 시설에서는 사회적으로 놀이가 제한된다. 그래서 장애를 가진 아이는 더욱 신체적 성장이 제한되어 주도권을 잡고자 하는 의식의 발전에 곤란이 발생하기 때문에 보다 많은 죄악감을 경험하게 된다.

과거 30년 동안 일본에는 보육원과 유치원이 현저하게 증가하였다. 1960년에는 5세 아동의 31퍼센트가 취학 전 교육(보육원, 유치원)을 받았으며, 1980년의 통계에 의하면 5세 아동의 90퍼센트 이상이 취학 전 교육을 받고 있다. 이렇게 아이들은 친구들과 관계를 갖기 시작하면서 선생님이나 자기보다 나이가 많은 아이들과의 연계 속에서 서서히 보육원이나 유치원의 정치 형태 속으로 들어가게 된다.

에릭슨은 이에 대해 "그것은 자기 자신을 제약으로부터 풀어 놓아 자신을 장래의 가능성으로 이끈다"고 말하고 있다.[27] 그러나 현재 일본의 교육제도는 장애를 가진 아이가 취학 전 교육을 받는 것을 인정하지 않고 있다. 그래서 거의 대부분의 장애를 가진 아이들이 그냥 집에 있든지, 아니면 병원에 수용되어 있다. 하지만 자신의 세계를 확대하여 가기 위해서는 장애를 가진 아이에게도 많은 친구가 필요하다. 신체 장애 때문에 행동의 제약은 받지만 지역의 원조가 있으면 취학 전 교육을 받을 수 있다. 물론 교회에서 보육원이나 유치원을 개설하고 장애를 가진 아이들을 받아들이는 곳도 많이 있다. 그런데 통합화 프로그램의 실시, 설비 개선, 교사들을 증원할 만한 재력이 없기 때문에 받아들일 수 있는 인원수가 한정되어 있다. 그러므로 정부는 이 분야에 관해서 상세한 조사와 평가를 해야 한다. 왜냐하면 보육원은 후생성의 관할 하에 있으며, 장애를 가진 아이의 취학 전 교육에 대한 재량권이 있기 때문이다. 또한 유치원은 일본 문부성의 관할 하에 있는데 장애를 가진 아이의 취학 전 교육을 인정하고 있지 않기 때문이다. 이렇게 문부성이 분리 교육 체제를 고집하고 있는데다가 이러한 분리 교육, 즉 양호학교가 유치원 단계가 아닌 초등학교 단계에서부터 실시되고 있다는 것이 문제이다.

일본은 1946년에 초·중학교의 의무교육 제도를 제정했다. 그러나 현재 95퍼센트 이상의 아이들이 취학 전 교육을 받고 있으며, 이제는 거의 의무교육같이 되어 있다. 아이들이 집이나 병원에 있는 상태로는

---

27) Erikson, Ibid., p. 80.

사회성을 익힐 수 없다. 이런 종류의 차별이나 격리는 사회적인 핸디캡을 만들어 낼 뿐이다.

이 유희기에 아이는 신의 모습을 본 적이 없음에도 신의 소리를 듣게 된다. 즉 아이는 자기의 행동이나 공상을 들켰을 때 부끄러워하는 것뿐 아니라 들키지 않을까 하는 두려움도 갖게 된다. 또한 아무도 알 수 없는 공상이나 생각에 대하여서도 초자연적 존재인 신에 대하여 죄책감을 느낀다.

그리고 아이는 부모와 함께 무엇인가를 하는 경험을 통하여 평등 정신에 따라 현실적으로 부모에 의해 동일화되어 간다. 그러면서 아버지와 어머니를 자기와 동일시하는 동료의식이 생기고 '살아 있는 인간'으로서 생명의 가치는 모두 평등하다는 것을 배우게 되는데, 이러한 경험이 인류 평화의 가능성을 가져오는 것이다.

이 시기에 아이에게 차별이 있다는 것을 체험시키고 특정한 집단과 노는 것을 금지하거나 차별하여 놀지 못하게 하면 아이는 사회가 불평등하다는 것을 강하게 인식하게 된다. 흑인 아이에 대한 차별과 장애를 가진 아이에 대한 차별이 현대 사회에서도 계속되고 있는데, 교회가 경영하는 유치원이나 보육원에서 만이라도 더 적극적으로 장애를 가진 아이나 일본인 이외의 아이를 받아들여 아이들에게 평등 정신을 키워 줘야 한다. 기독교 사회복지의 실천에서는 될 수 있는 한 복지 원조의 대상이 되는 아이들에게 일반 사회와 가정에 가까운 환경을 제공해 주어야 할 것이다.

장애를 가진 아이들만의 시설이나 붕괴된 가정의 아이들만 모여 있는 상황을 만들어 내면 안 된다. 그리고 앞으로 양부모 제도를 포함하여 가족이나 지역의 원조와 아이에 대한 보호를 양립하여야 한다.

나. 학령기

이 시기의 아동은 '배우는' 존재로서 문화적으로 체계적인 지도를 받게 된다. 옛날에는 어른들이 사용하는 주방 용구나 사냥에 쓰는 무기 등을 능란하게 취급할 수 있는 방법들을 배웠지만, 현대에는 과학 기술에 관한 것을 배운다. 그래서 학교 제도는 아동에게 생산성과 근면성을 강화하는 반면, 어떤 아동에게는 열등감을 가져오게 한다. 사회 구조가 복잡하게 되면 될수록 학교 교육이 중요시되고 학습 내용도 복잡하게 바뀌어 간다. 그리고 과학 기술은 전문화 되어가고 있기 때문에 부모의 역할이 모호하게 되어 학교 교육에 모든 것을 의존하도록 만든다. 학교 생활은 그것들을 학습시키기 위해서 자기 억제와 엄격한 의무감을 강조한다.

이 단계에서 장애를 가진 아동을 양호학교에 입학시켜 일반 교육 제도의 주요 과정으로부터 격리시키는 것은 장애를 가진 아동에게서 생산성과 근면성을 얻을 기회를 빼앗고 열등감을 갖게 하는 것이다.

학령기에 아동은 친구와의 분업 또는 기회 균등의 감각이 발달하게 되는데, 양호학교는 장애를 가진 아동만의 공동체이기 때문에 일반 교육에서 배울 수 있는 분업과 기회 균등 등 인격 형성에 필요한 교육이 근본적으로 부정된다. 하지만 장애를 가진 아동에 대한 통합 교육은 인격 형성에 있어서도 매우 중요하다. 이것은 장애를 갖지 않은 아동에게 장애를 가진 친구의 인간성에 뿌리를 내린 분업, 생명, 인간으로서의 기회 균등 그리고 장애를 가진 사람과의 분업에 대한 옳은 이해를 배울 수 있게 하는 교육이 필요하다는 말과 동일하다. 더욱이 학령기에는 학교생활이 사회생활의 축소판이기 때문에 이 시기에 장애를 가진 아동을 격리하는 것은 정상화의 이념에 근본적으로 반대된다.

그런데 현실적으로는 아이가 장애를 가지고 있는 것이 판명되면 장

애의 종류와 정도에 따라서 그 아이를 특수학교(양호학교 등)에 취학
시키려는 것을 목적으로 일본 문부성에서는 취학 전 검진을 실시하고
있다. 1979년 각령이 내려지기 전까지는 장애를 가진 아이에 대하여는
취학 유예나 취학 면제라는 형태로 취학시키지 않아도 좋다는 예외 규
정이 있었다. 그런데 장애를 가진 아이의 부모, 사회복지사, 시민들이
이 차별적 규정에 반대하는 운동을 펼치자 정부는 장애를 가진 아이도
전원 취학시킨다는 각령을 내렸다. 그러나 보통 학교에 다니는 것을
인정한 것은 아니었다. 정부의 설명으로는 특별한 배려가 필요하다는
것이다. 이로써 장애를 가진 아이는 결국 다시 격리되고 말았다.

일본의 교육 제도는 경제 제도와 밀접한 관계가 있다. 대개의 이수
과목은 수학, 과학, 화학, 생물, 기술, 영어에 중점을 두고 있으며, 이것
들은 모두 경제 발전에 도움이 되는 것들이다. 따라서 장애를 갖지 않
은 아이는 학령기에 이런 과목들에 의해서 일반적으로 근면하고 생산
적인 사람이 되는 것과 사회적 평가를 어떻게 얻는가에 대해 배운다.
또한 현실의 어른 사회에서 살아가기 위한 중요한 기본적 기술을 체계
적으로 학습하며, 초등학교에서부터 자기 억제와 복종 그리고 단련이
강조된 교육을 받게 된다. 이것은 기업들이 복종하고 충성심이 강한
사람을 고용하려고 하며, 일본의 교육 제도는 여기에 협력을 하고 있기
때문이다. 그리고 또한 지금의 교육 제도는 아이의 경쟁심을 부채질하
는 것에 지나지 않는다. 아이에게 빠른 시기에 어떻게 경제적 경쟁사
회에 적응하여 갈 것인가에 대해서만 가르치고 있기 때문이다.

그런데 특수학교는 보호 중심으로 되어 있어 사회 적응을 축소시키
고 있다. 정부나 기업은 장애를 가진 아이를 노동력으로 보지 않기 때
문에 사회복지 제도의 범주 속에 억지로 밀어 넣고 있다. 다시 말해서
일할 수 없는 사람은 교육을 받을 필요가 없다는 것이다. 1946년 헌법

제26조에 의해서 보장된 의무교육을 받을 권리를 장애를 가진 아이에 겐 각령이 내려진 1979년까지 인정하지 않았다는 사실은 매우 충격적 인 일이다. 제2차 세계대전 후에 일본 헌법이 제정되고 나서 35년 간이 나 기본적 인권이 무시되어 왔었다. 아무리 일본이 세계적으로 우수한 교육제도를 갖추고 있다 해도 장애를 가진 아이에게는 아무 소용이 없 었다. 왜냐하면 장애를 가진 아이는 특수학교에 다닌다는 것만으로도 열등감이 더욱 커가기 때문이다. 이렇게 학령기에 장애를 가진 아이는 장애를 갖지 않은 아이와 분리되어 간다.

특수학교는 장애에 따라서 설립되어 있다. 예를 들면 시각장애를 가 진 아이는 맹아학교에, 청각장애를 가진 아이는 농아학교에 간다는 식 이다. 더구나 특수학교는 많지 않기 때문에 대개는 그 아이가 사는 지 역에 없는 경우가 많다. 그래서 장애를 가진 아이는 통학버스나 전철로 장시간 통학하지 않으면 안 된다. 학교 친구도 같은 지역에는 별로 없 기 때문에 학교가 끝난 뒤에도 친구와 함께 놀 수 없다. 이것은 지역에 서 사회성을 발전시켜 나가는 데 있어서 중요한 영향을 미친다. 그래서 특수학교에서는 의욕도 없고 동정이나 슬픔 또는 기쁨 같은 감정에 전 혀 무관심한 태도를 보이는 학생을 가끔 볼 수 있다. 대개 학급마다 두 세 명의 아이에 한 사람의 교사가 할당되지만, 장애를 가진 아이를 교 육하기 위한 특별한 훈련을 받지 않았거나 정년에 가까운 교사가 많다.

필자는 훈련 센터에 다니는 장애를 가진 50명을 대상으로 조사를 한 적이 있는데, 그 중 46명에게 몇 명씩의 공통의 급우들만 있다는 것을 알 수 있었다. 이것은 사회성을 획득할 기회가 얼마나 제한되어 있는 가를 보여 준다. 그리고 부모나 교사의 보호 속에 독립심을 배우지 못 한 채 자라기 때문에 그들 대부분은 쇼핑하는 방법, 차표의 사용 방법 등에 대해서조차 모르고 있으며, 또한 많은 사람들 앞에서 이야기하는 것에 매우 서툴다. 그래서 장애를 가진 아이는 특수학교를 졸업하면 사회적 장애가 더욱 심해지게 된다. 한편, 장애를 갖지 않은 아이는 장애를 가진 사람과 관계를 형성하는 것에 대해 배울 기회가 거의 없다. 그렇기 때문에 장애를 가진 사람에 대해 부정적인 생각을 갖게 되고, 장애를 가진 사람은 더욱 고립되어 가는 것이다.

이처럼 현행의 교육 제도는 장애를 가진 아이를 격리시키고 차별하는 것이 분명하다. 장애를 가진 사람을 대하는 태도를 효과적으로 변화시키기 위해서는 기본적 인권과 인간의 존엄성에 근본을 둔 교육 제도를 확립하지 않으면 안 된다. 그러므로 장애를 가진 아이를 주류로 하는 통합교육 제도를 추구하는 것이 중요하다. 지금이야말로 일본에서도 생활의 질을 검토해야 할 시기이다. 왜냐하면 경제 성장을 중심으로 한 사회에는 행복이나 평화가 찾아오지 않기 때문이다.

기독교 학교의 대부분이 장애를 가진 아동이나 학생을 적극적으로 받아들이지 않는 경향이 있다. 인간성을 풍부히, 그리고 인류의 평화와 행복과 이웃사랑을 교육 이념으로 하고 있는 기독교 학교라면 장애를 가진 이웃을 받아들여서 이념을 실천하려는 노력을 해 주기 바란다.

(5) 청년기

산업화가 진행되고 과학 기술을 도입한 생활 양식이 정착되면서 북미 사회에는 개인주의가 팽배해졌다.[28] 그러나 일본 사회는 집단주의 성향이 강하고 기업, 학교(동창회), 종교, 노동조합 등 모든 단계에서 파벌 형태의 집단을 형성하고 있다. 집단을 지향하면서도 집단 간에 개개의 개인 사회가 형성되어 있다. 그리고 개개의 개인 집단은 다른

---

28) William Glasser, *The Identity Society*, Harper & Row, N. Y., 1971.

집단과는 관계를 맺지 않는 배타적인 집단 폐쇄 사회로 되어 있다. 개
인이 어떤 집단에 소속될 때 여러 가지가 보장된다. 기업은 새 졸업자
를 주로 채용하여 정년까지 고용하며, 기업은 고용자의 가족, 주택, 의
료, 급료, 레크리에이션, 아이의 교육 등에 대한 책임을 지므로 피고용
자는 기업의 일원인 것만으로도 안심을 하게 된다. 요컨대 현재 일본
기업은 현대화된 부족 제도이다. 그래서 일본의 젊은이들은 일류 고등
학교와 대학에 합격하기 위해서 열심히 공부한다. 일류 대학을 나온
사람만이 최고를 보장하는 일류 기업에 채용되기 때문이다. 젊은이는
자기가 다니는 고등학교와 대학에 의해서 등급이 매겨지게 되므로 청
년기의 젊은이는 집단 정체성을 배양하게 되고, 학교나 기업에 강한 충
성심을 가지게 된다.

에릭슨에 의하면 자아 정체성의 감각은 개인의 기본적 동기, 자성,
기회를 포함한 자아 통합으로부터 온다.[29] 그런데 일본의 기업이나 학
교는 자아 정체성을 형성하는 천성이나 기본적 동기를 중요시하지 않
고 충성심만을 요구하는 경향이 있다.

자아 정체성은 그때까지 자기가 형성하여 온 생활 양식, 이데올로
기, 욕망 등이 통합된 것이다. 그러나 기업 등의 집단은 그와 같은 개성
을 무시하고 기업 전사로서 기업의 이데올로기에 맞는 노동력의 조달
을 위하여 생활 양식의 변화까지 요구하며 훈련을 시킨다. 이렇게 인
격을 포함한 변화를 R. J. 리프튼은 프로테인 인간, 즉 환경 변화에 순
응하는 인간이라고 정의했다. 그는 학생 시절에 전국학생연합 등의 투
쟁운동 단체에 가입하여 기성의 경제, 사회, 정치 구조에 반대한 사람
들이 대학을 졸업하고 기업인이 되어 기성의 경제, 사회, 정치 체제를

---

29) Erikson, Ibid., p. 94.

그대로 유지해가고자 애쓰는 과정을 분석하였는데 이는 매우 흥미롭다. 그러나 장애를 가진 청년은 이 프로테인 인간이 될 기회조차 주어지지 않는다.

장애를 가진 청년은 특수학교를 졸업하면 사회에서 격리된 성인 사회복지 시설로 옮겨가게 된다. 이와 같은 제도적인 격리에 의해 시민권은 무시되고, 그들은 굴욕적인 정체성 속으로 강제로 밀어 넣어져 기본적 동기나 기회를 갖지 못하는 것은 물론 자신의 천성을 빈약하고, 가치 없고, 필요 없는 것으로 생각하기 때문에 자아 통합을 획득할 수 없게 된다. 그래서 그들의 자아 정체성은 확산되어 비틀어지고 구부러진다. 그들은 필요에 의해 집단 정체성을 자유롭게 선택하는 것이 아니라 교육 정도나 경제적 차별에 의해서 나누어진 장애의 종류에 따라 강제적으로 '장애인'이라고 불리워지는 사회적 집단 정체성을 형성하게 된다. 그리고 그들은 장애인의 대인간성(對人間性)과 마찬가지인 개인의 내면적 인격까지 '장애인'이라는 굴레 속으로 강제적으로 자신을 몰아 넣는다. 그래서 사회의 한구석이나 혹은 사회 밖으로 쫓겨나게 된다. 이와 같은 처지의 청년들은 인생을 나누어 가질 수 있는 친한 친구를 얻기도 곤란하여 실로 고독한 상황에 처하게 되며, 부모들도 아이들을 다루는 데 있어 아이의 성장을 인정하려고 하지 않는다.

이렇게 정체성을 형성하는 시기에 교회에 다니며 신앙을 가진 청년은 기독교인으로서 자아 정체를 표명하여 세례나 견신례를 받는다. 그러나 특수학교에 다니고 있는 사람과 수용 시설에 있는 많은 사람들, 더구나 장애인들은 부정적인 이미지의 정체성을 짊어지고 있다. 이 사람들이야말로 이러한 차별적인 정체성으로부터 해방되어야 한다. 그러므로 교회와 기독교 학교 그리고 복지 봉사 기관은 서로 협력하여 내적으로 억압되어 있는 장애를 가진 청년을 해방시키는 것이

급선무이다.

(6) 초기 성인기와 성인기

일본은 산업화를 끝낸 후 다음과 같이 말했다. "인생에는 중대한 사건이 네 가지 있다. 탄생, 취직, 결혼, 죽음이 그것이다." 그 중에 취직과 결혼은 초기 성인기와 성인기에 찾아온다. 취직은 생애에서 매우 중요한 것이기 때문에 보다 좋은 자리를 구하기 위해 노력을 한다. 일본 사회는 영리를 원하는 기업에 의해서 구성된 눈에 보이지 않는 계층이 있다. 그것을 나타내는 전형적인 예로 자기 소개가 있다. 일본에서는 자기 소개를 할 때 우선 자기가 소속한 기업명을 말한 후에 다음으로 자기 이름을 말하지, 자기 이름을 먼저 말하는 경우가 거의 없다. 일반적으로 개인적인 일에서도 이와 같은 자기 소개 방식을 취하는데, 자기가 어떤 기업에 소속해 있는가를 나타내는 명함을 갖고 다니고 있는 사람이 대부분이다. 혹시 명함을 갖고 있지 않으면 어느 기업에도 소속되지 못하고 사회에서 밀려난 사람으로 취급되기 때문이다.

그러나 장애를 가진 사람들은 특수학교를 졸업하면 바로 시설로 옮겨간다. 그러므로 그들은 명함을 가질 수 없고 단지 사회복지의 대상이 된다. 사회복지 시설의 직원들은 고용되어 있는 것이기 때문에 명함을 가지고 있다. 그러나 고용되어 있지 않은 입소자는 장애인이라는 꼬리표가 붙여질 뿐 명함은 갖고 있지 않다. 여기서 장애인이라고 하는 말은 거추장스럽다는 것을 의미하며, 차별적인 뜻이 있는 것은 말할 필요도 없고 장애를 가진 사람들을 눈에 보이지 않게 사회의 부랑자로 생각해 그들을 사회에서 격리하거나 소외시킨다.

입소자를 보통 '원생'이라고 부르는데, 이 말은 통상 유치원 아이들에게 쓰는 말이다. 그 통칭이 가리키고 있는 대로 그들은 어린아이처럼 취급되고 있으며, 또한 그와 같은 생각을 갖고 장애를 가진 사람들을 대하는 시설 직원이 많다. 장애를 가진 사람들은 모두 조직 안에서 최하위 혹은 테두리 밖에 놓여진다.(〈그림 6〉 참조) 입소자는 의존적인 아이처럼 행동하는 것이 당연시되어 식사, 목욕, 취침 등 생활의 일정이 시설 직원에 의해 정해지고 있다. 시설 안에서의 생활에서 개인의 필요를 제한하기 때문에 자기 결정을 주장하는 입소자는 반항적이고 바람직하지 못한 것으로 간주하며, 유순한 아이처럼 순종하는 입소자는 직원으로부터 후대를 받는다.

성인으로 인정받지 못하게 되면 시민으로서의 자립심이나 자존심이 길러지지 않는다. 시설에서는 이성을 사랑하는 것이 금기로 되어 있다. 실제로 시설 직원이 개입하여 떼어 놓기도 하기 때문에 입소자가 다른 사람과 친밀한 관계를 맺는 것은 대단히 어렵다.

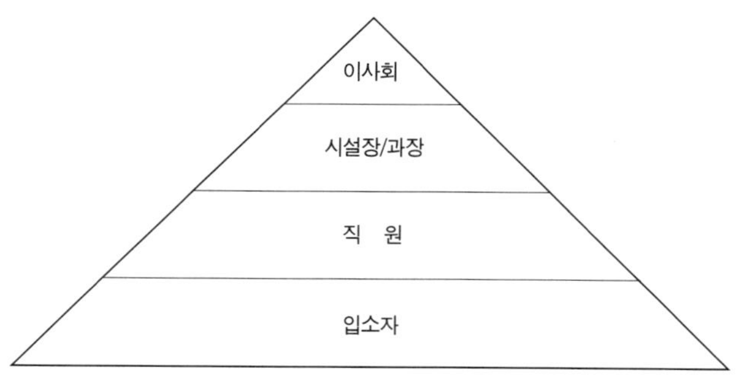

〈그림 6〉 시설의 구조

시설 직원은 통상 입소자를 환자, 장애인, 클라이언트 등 다른 계급에 속한 사람으로 보고 있다. 직원과 입소자의 관계는 시설 안에서 지배하는 사람과 지배받는 사람의 관계이지 대등한 인간 관계가 아니다. 그렇기 때문에 장애를 가진 사람들은 고립이나 자멸로 강제적으로 내몰린다.[30] 물론 가족과의 관계도 차단되는 것이 대부분이다. 게다가 결혼은 거의 불가능하여 자기 가족을 가질 수 없으며, 아이를 낳는 것이 불가능하다. 이로써 장애를 가진 사람들은 더욱 활기를 잃게 된다.[31]

　1983년, 어떤 입소 시설의 사지마비 장애인이 직원과 결혼을 하였다. 양자의 가족을 비롯하여 시설의 원장도 이 결혼에 반대를 하였지만 그들은 시설에서 나가 결혼을 하였다. 물론 가족들은 결혼식에 참석하지 않았다. 그래서 그들은 사회복지 제도를 활용하여 많은 친구들의 도움으로 결혼생활을 시작했다. 그리고 그들에게 여자아이가 태어났을 때에 비로소 가족들과 화해할 수 있었는데, 현재 그는 목사가 되기 위해 통신 교육으로 신학을 공부하고 있다. 그는 결혼을 기회로 신뢰 관계를 쌓고 또한 자기 가족을 가질 수 있었다. 그럼에도 불행한 것은 아직도 일본 사회에는 장애를 가진 사람들이 자유롭게 생활하는 데 방해가 되는 것들이 지나치게 많다. 아직도 이렇게 장애를 가진 사람들을 대하는 태도가 대단히 차별적인데, 이제는 이런 차별에서 벗어나 고립되어 있는 사람이나 차별 당하고 있는 사람들이 모두 사회에 통합될 수 있기를 간절히 바란다.

　생활의 질은 사회 생활에 있어서 기본이기 때문에 기독교 사회복지를 통합 원리에 의해서 전개하지 않으면 안 된다. 따라서 기독교 사회복지의 목적이 인간성의 해방, 즉 기본적인 인권의 충족에 있으므로 용기를 갖고 현재의 시설 처우 형태를 잘 분석하여 한 사람 한 사람의 영

---

30) Erikson, *Childhood and Society*, Harper & Row, N. Y., p. 263., 1971.

31) Erikson, Ibid., p. 266.

혼을 위한 원조를 하여야 한다. 보조비로 운영되는 것에 만족하여 정책이나 행정에만 신경을 쓰고 시설에서 생활하고 있는 사람들의 영혼을 등한시하는 현실 속에서 이것은 매우 중요하다.

일본은 지금 시설 중심의 복지에서 지역 생활 중심의 사회복지로 이행하고 있다. 이 운동은 사회복지사의 운동이라고 하기보다는 장애를 가진 사람들 그리고 부모들의 강한 희망과 운동이 원동력이다. 일본에서는 과거 수십 년에 걸쳐 시설 수용 정책이 실시되었기 때문에 지역 복지가 충분히 발달하지 못했다. 그래서 급속히 증가하고 있는 재택의 장애를 가진 사람들에 대한 생활의 질에 충실한 봉사를 하여야 한다.

성인기에는 부모의 정년이나 죽음을 맞는 사람들이 많아진다. 게다가 요즘은 장애를 가진 사람이 부모와 함께 지역에서 생활하는 경우가 조금씩 늘어나고 있는데, 부모가 정년을 맞게 되면 경제적으로 어렵고 체력도 떨어져가기 때문에 계속 도움을 줄 수 없게 된다. 더구나 지역이나 기업으로부터 원조도 없으므로 그 가족은 쉽게 사회에서 고립된다. 그래서 장애를 가진 사람의 가족 동반 자살이 일본의 새로운 현상으로 나타나고 있다.

기독교 사회복지도 이제까지는 복지 시설을 중심으로 일해 왔는데, 이후로는 지역 생활의 자원을 충분히 활용한 공동체에 기초를 둔 사회복지의 연구가 필요하다. 물론 지역에 있는 교회와의 연계는 기본이다.

인간성 해방 운동은 조직적이고 전문적으로 분화하였으며, 교회, 학교, 복지 시설을 통합하는 기능도 수행한다. 즉 기독교 조직의 기능은 통합과 협조를 통해 이루어진다.

(7) 성숙기와 종말기

사람들은 대부분 나이를 먹어 가는 과정에서 어떠한 형태든 장애를 겪게 된다. 그렇기 때문에 장애는 고령자들의 일반적인 현상이 된다. 전에는 장애를 가진 사람들의 평균 수명이 짧았지만, 생활 양식이나 현대 의료기술 등의 진보에 의해 많이 연장되었다.

장애를 가진 고령자가 양로원 등에 들어오게 되면 어느 정도 다른 고령자와 통합되어 새로운 생활이 시작되는데, 장애를 가진 사람들은 지금까지 인생을 고독 속에 살며 사회에서 격리되어 있었기 때문에 장애를 갖지 않은 고령자와 대화를 나누는 데 있어서 많은 곤란을 느낀다. 더구나 치매 증상을 보이는 노인이나 알츠하이머병을 앓는 고령자가 많은 노인 시설일 경우, 그들은 다시 고독한 상황으로 빠져들게 된다. 그리고 그러한 환경 속에 있게 된 고령자는 새로운 환경에 적응하면서 받게되는 스트레스에 잘 대처하지 못한다. 한편 시설에 있는 고령자는 신체적, 정신적으로 기능이 저하되기 때문에 시설의 행사에 참가할 수 없게 되고, 대개는 거의 하루종일 침대 위에서 생활하게 되므로 점점 더 고립되어 간다.

에릭슨에 의하면, 사람이나 물건을 상대로 어떠한 일을 했을 때 필요에 따라서 성공과 실패에 순응할 수 있는 사람은 사상가나 발명가가 될 수도 있고, 또한 그런 사람은 일곱 단계를 지나면서 자신을 서서히 성장시켜 갈 수 있다. 그러나 장애를 가진 사람은 마지막 단계에서 절망과 실의를 맛보게 된다. 그 때에는 이미 그들이 기대거나 의지할 부모도 없고, 더구나 시설에 수용되어 있기 때문에 형제자매와의 관계도 끊어지는 것을 경험하는 경우가 많다.

필자가 관계하고 있는 시설에 있는 어느 입소자는 의복의 착탈, 입욕, 배설, 요리, 세탁 등 ADL(Activities of Daily Living 일상생활 활동)의 프로그램을 모두 숙달했다. 그녀는 손이 부자유스러웠기 때문에 발을 써서 ADL의 자립을 꾀하였다. 그녀의 부모는 이미 돌아가셨기 때문에 그녀의 오빠에게 연락을 하였는데, 오빠는 그녀를 맡는 것을 거부했다. 게다가 부인과 아이들에게 그녀의 존재를 알리고 싶지 않다는 이유로 그녀가 자신의 집을 방문하는 것조차 거부했다. 그래서 그녀는 마지막으로 갈 곳조차 잃어버렸다.

이렇듯 시설에 있는 장애를 가진 사람들은 시설 안에서 가족도 친구도 없이 고독하게 죽어 가는 경우가 많다. 그래서 그들의 죽음에 대한 공포는 매우 강하다. 그 이유는 신체적 기능장애는 부분적인 죽음을 의미하기 때문이다. 그들은 서서히 다가오는 죽음을 감지하고 있지만, 시설에서는 죽음의 공포에 대해 이야기할 수 없다. 일본의 문화는 죽음에 관해서 언급하는 것이 금기로 되어 있고, 더욱이 시설 직원에게 죽음이나 죽음에 임박한 사람을 어떻게 대해야 할 것인가에 대한 교육이나 훈련이 되어 있지 않기 때문이다.

일본의 무덤은 가족 단위로 되어 있으며, 개인을 위해 존재하는 것이 아니다. 묘비 밑은 뼈항아리를 놓아 둘 수 있도록 선반이 붙은 작은 방으로 되어 있다. 그러나 장애를 가진 사람들은 죽었을지라도 가족과는 관계 없는 것으로 여기기 때문에 뼈를 무덤에 거두어 주지 않기도 한다. 그래서 뼈를 안치하기 위한 자리를 확보하고 있는 시설도 있다.

전통적으로 일본문화는 뼈에 대해 존엄과 위엄을 갖추어 대하며, 대대로 무덤은 가족의 정체성과 귀속 의식을 의미한다. 그렇기 때문에 이것은 죽음을 앞둔 장애를 가진 사람들에게 막대한 고통의 원인이 된다. 그것은 자신의 존재 자체가 정신적, 물리적으로 부정되는 것은 물론 죽은 후 자신의 혼까지도 가족이나 지역 사회가 거절한다는 것을 알기 때문이다. 그래서 시설에도 영혼을 위한 목회를 하는 목회자가 필요하다. 현재의 입거 시설은 신체면의 의료를 중심으로 하고 있기 때문에 영혼이나 마음에 대한 배려를 충분히 하지 못하고 있다. 그러므로 기독교 사회복지의 실천에서는 장애인과 영혼의 아픔을 공유하면서 장애인이 영원한 생명에 이르기까지 함께 할 수 있는 목회자의 육성과 영혼에 대한 배려를 빠뜨려서는 안 된다.

장애를 가진 사람에게 시설에서의 생활은 아무래도 대단히 제약이 많아 생활의 질에 대해 충실할 수 없다. 그래서 장애를 가진 사람들을 사회에 완전 통합시키기 위해서는 시설 중심의 탈피가 필요하다.

다음 장에서는 현재의 격리나 차별로부터 장애를 가진 사람들을 어떻게 해방시킬 수 있는가에 관해서 전망한다.

■ 제4장 예수에 의한 재활의 실천

해방신학은 참된 실천을 기본으로 하며, 그 원리는 해방의 과정에 실제로 참가하는 것이기 때문에 이 장에서는 실천과 장애를 가진 사람들의 생활의 질에 관해서 논하기로 한다. 이와 같은 논의는 전반적인 영적 재활 분야, 즉 전문 분화한 재활에 영적 분야를 포함시켜 종합적이고 인간적으로 통합하는 사회 봉사와 관련된 필자의 선교 활동에 있어서도 의의가 있다.

일본의 기독교 사회복지는 아동복지 분야를 많이 다루고 있다. 그래서 지금까지는 유아기나 아동기에 초점을 두었었다.

해방의 실천자로서 예수는 해방의 목표를 달성하는 길을 가르쳐 주고 있다. 예수는 "나는 길이요 진리요 생명이니 나로 말미암지 않고는 아무도 아버지께로 올 자가 없느니라"(요 14:6)고 말씀하셨다. 또한 예수는 요한복음 9장에서 장애는 하나님의 하시는 일을 나타내기 위해서라고 분명히 정의하고 있다. "제자들이 여수께 랍비여 이 사람이 소경으로 난 것이 뉘 죄로 인함이오니까 그 부모오니이까 예수께서 대답하시되 이 사람이나 그 부모가 죄를 범한 것이 아니라 그에게서 하나님의 하시는 일을 나타내고자 하심이니라."(요 9:1~3) 이로써 예수의 가르침에 의해 제자들은 개인 내면의 죄(intra—personal sin)로부터 구제된 것이다.

사회와 종교는 장애를 가진 사람들을 죄가 많은 존재로 낙인찍고 그들을 무가치한 존재 또는 무능하고 도움이 되지 않으며 모자라는 사람으로 몰아붙인다. 그러므로 기독교의 가치관으로 장애를 가진 사람들을 해방시켜야 한다.

또한 예수는 시각 장애가 있는 사람을 보시고 그를 고쳐 주셨는데(요 9:6~7), 그는 구걸을 하고 있는 빈곤층이었다(요 9:8). 그리고 거기서 예수는 그가 지역 사회에 통합될 수 있도록 도우셨다. 장애를 가진 사람들을 해방시킨다는 것은 단지 신체적인 면만이 아니라 심리적, 경제적, 정치적으로도 해방시키는 것이다.

구제를 받은 그 남자는 구걸, 열등감, 죄의식을 느낄 필요가 없게 되었다. 그런데 이제 그에게 시각 장애가 없음에도 불구하고 사회는 계속 그를 거부하였다. 왜냐하면 그가 진실로 구제되기 위해서는 개인의 내면적, 인간 관계적, 대사회적인 모든 사회 구조가 변혁되어야 했기 때문이다. 유대인들은 "네가 모든 죄 가운데서 출생하였기 때문에"라고 말하며, 그 남자를 공동체로부터 추방했다(요 9:34).

개인이 구제되어 해방되기 위해서는 사회가 변혁되지 않으면 안 된다. 그러므로 예수의 구제와 해방은 권력 구조, 특히 권력을 수중에 쥐고 있는 사람들을 위협한 것이다. 전 세기까지는 정치・경제적 권력 외에 종교적 권력이 문제의 중심이었지만, 기술이 혁신되고 발달한 지금에는 새로운 물질적 권력이 문제가 되고 있다. 우월성을 유지하려고 강자와 약자가 싸우기도 하며, 부자와 빈곤자 그리고 장애를 가진 사람과 갖지 않은 사람의 불균형을 촉진하고 있다. 이렇게 분배된 정의는 기술 중심 사회에 감당할 수 없는 문제를 만들어낸다. 기술이나 자본을 지배하는 것들이 사회 전체를 지배하게 되고, 권력이 불균등하게 분배되기 때문에 기술 사회도 어쩔 도리가 없이 문제를 만들어 내는 것이다.

일본의 해방신학자인 야마다(山田經三)는 9가지 C로 일본사회의 특징을 분류하고 있다.[32]

① 중류의식 사회(Consciousness of a middle class society)

② 경쟁 사회(Competitive society)

③ 기업 중심 지향 사회(Company oriented society)

④ 관리 사회(Controlled society)

⑤ 폐쇄적 캡슐 사회(Closed capsule society)

⑥ 소비주의 사회(Consumerist society)

⑦ 영리주의 사회(Commercialist society)

⑧ 컴퓨터화 사회(Computerized society)

⑨ 자본주의 사회(Capitalist society)

야마다는 일본 교회는 해방을 위한 행동을 함에 있어 사회 상황을 잘 분석하여 행동하지 않으면 기술이 발전하고 있는 자본주의 사회에서 캡슐 속에 갇혀버리게 된다고 강조하고 있다.

이것은 기독교 사회복지 사업에 관해서도 같다고 말할 수 있다. 일본 사회에는 약자와 빈자를 더욱 억압하는 부자의 논리에 근거한 경제력의 윤리가 있다. 그래서 야마다는 교회가 다음과 같은 '해방을 위한 9가지 C'를 발전시켜 줄 것을 제안하고 있다.

---

32) ル-ベン・アビト, 山田經三, 『解放の神學が問いかけるもの - アジアの現實と日本の課題』, 女子パウロ會, 1986年.

① 지역 공동체(Community)

② 공동 목표(Common goal)

③ 커뮤니케이션(Communication)

④ 공헌(Contribution)

⑤ 협력(Collaboration)

⑥ 협동(Cooperation)

⑦ 헌신(Commitment)

⑧ 조정(Coordination)

⑨ 의식화(Conscientization)이다.

지금도 일본의 교회는 사회 문제에 대하여는 눈을 감은 채, 교회 안에서만 하나님의 사랑과 정의를 구하는 경향이 있다. 그러나 하나님은 사회 속에 존재하며, 사람들이 사랑을 통해서 하나님의 정의에 참가하기를 요구하고 계신다.

기독교 사회복지의 실천은 바로 위의 9가지 C를 발전시켜 시설 속에 갇혀 캡슐화된 유토피아를 꿈꿀 것이 아니라, 사회복지의 기본인 '사회'의 구조와 문제 등 시설 밖에 있는 사회를 향해서 장애인의 정의와 하나님의 사랑을 실현하신 예수의 해방의 가르침을 펼쳐야 한다.

성서는 인간의 부정적인 감정은 인간을 약하고 비천하게 만든다고 이야기하고 있다. 술수, 원수 맺는 것, 분쟁, 시기, 분냄, 당 짓는 것, 분리함, 투기(갈 5:20~21) 등의 죄는 물이 높은 곳에서 낮은 곳으로 흐르는 것같이 권력 있는 사람으로부터 약한 자에게로 이행한다. 또한 무기적, 유기적 자연 환경에 대한 죄는 생태학에 대한 죄로, 삼림 채벌로 일어나는 생태계의 변화로 인한 식료 부족, 아프리카에서 볼 수 있는 사막화 현상, 오존 파괴에 의한 병, 지구 온난화에 의한 기상 변화의 문제 그리고 물과 공기의 오염 등을 가져온다. 이 자연 환경의 파괴에 의한 스트레스는 경제나 정치를 변화시켜 더욱 사회 문제가 되고 있다. 현재 일본의 많은 공해 기업이 이러한 것을 이유로 공해를 유발하는 부분들을 아시아의 다른 나라들로 이전시켰으며, 그 곳에 사는 주민들이 공해병에 시달리게 만들었다. 그것에 기업이 영향을 받아 불경기에 빠지게 되면 고령이나 장애를 가진 종업원의 해고로 이어진다. 그러면 수입원을 잃은 가족 구성원 한 사람 한 사람에게 스트레스가 된다.(〈그림 7〉 참조)

이러한 죄의 심리적 구조의 흐름은 항상 권력 있는 사람으로부터 약한 자에게로 내려가 약한 자를 억압하거나 차별한다. 또한 인간은 자기의 스트레스에 대한 책임을 사회적, 경계적, 신체적, 정신적으로 약한 사람에게 전가한다. 약한 사람은 권력 있는 사람에게 저항할 수 없기 때문이다. 그리고 가장 약한 위치에 있는 사람은 장애를 가진 사람인 고령자들이 대부분이다. 인간 사회에는 공해 때문에 장애를 갖게 된 사람도 있고 기업에서의 과로 때문에 뇌혈관 장애를 갖게 된 사람도 있다. 이와 같은 사회와 경제 구조 안에서 장애가 만들어지고 있는데도 불구하고 장애를 가진 사람을 스트레스의 배출구로 생각하고 있다.

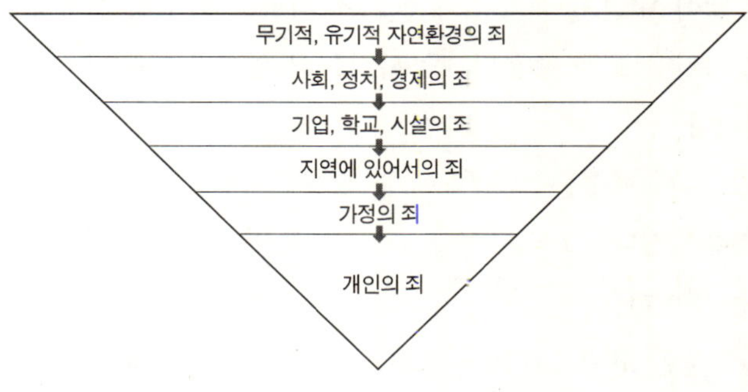

〈그림 7〉 인간 죄의 감정의 흐름

죄로 여겨지고 있는 스트레스는 인간의 마음 속에 쌓이고, 이렇게 쌓인 스트레스는 사람의 마음 속으로부터 밀려 나와 사회, 경제, 정치적으로 약한 자에게 돌아간다. 그러나 하위에 있는 사람은 터질 만치 가득 쌓인 스트레스를 쏟아 버릴 곳이 없으므로 하나님께 구할 수밖에 없다. 이렇게 예수의 선교는 바로 그 사회, 경제, 정치의 저변에 있는 사람들이 가장 먼저 받아들였으며, 예수는 그 구제를 바라는 외침에 응답하였고, 한 사람 한 사람을 대면하여 그들의 스트레스를 풀어 주었다. 그리고 위로부터 그들에게 지워진 죄에서 그들을 해방시켰고, 그 죄라고 불리우는 스트레스를 자기의 잔에 넣어 마셨다. 예수는 겟세마네의 기도에서 "아버지여 만일 아버지의 뜻이어든 이 잔을 내게서 옮기시옵소서 그러나 내 뜻대로 마옵시고 아버지의 원대로 되기를 원하나이다"(눅 22:42)라고 아버지되시는 하나님께 기도하셨다. 예수는 죄의 잔을 마심으로써 십자가를 통해 멸망할 수밖에 없는 인간을 죄로부터 해방시켰다.

예수에 의한 재활란 인간의 존엄성과 정의를 가지고 장애를 가진 사람들을 사회에 통합시키려는 목표를 향한 해방의 과정이다.

마가복음 2장에서 병 고침을 받기 위해 지붕을 뜯고 중풍병자를 침상 채로 달아 내린 중증의 장애를 가진 사람의 친구의 신앙을 보신 예수는 그 사람을 고쳐 주셨다. 즉 사람들의 협력과 협동이 재활의 기본적 방법이다.

그리고 나서 예수는 그 남자에게 "일어나 네 상을 가지고 집으로 가라"고 말씀하셨다. 그것은 연합, 다시 말해 가족, 친구, 지역 사회로 돌아가라는 뜻이다.

사도 바울은 고린도교회에 보낸 첫번째 서신에서 하나님 나라를 묘사하고 있다. 그리스도의 몸은 많은 부분으로 이루어져 있다. 혹시 눈이 손더러 '내가 너를 쓸데없다' 하거나 머리가 발더러 '내가 너를 쓸데없다' 고 말한다 해서 몸에 속하지 않은 것이 아니다. 사회도 마찬가지이다. 그러나 일본 사회는 장애를 가진 사람들을 배제시키고 있으며, 사회복지 제도에 있어서도 시각, 청각, 지체 부자유 등에 따라서 분리하고 있다.

사도 바울은 계속하여 아래와 같이 강조하고 있다.

"몸의 약하게 보이는 지체가 도리어 요긴하고 우리가 몸의 덜 귀히 여기는 그것들을 더욱 귀한 것들로 입혀주며 우리의 아름답지 못한 지체는 더욱 아름다운 것을 얻고 우리의 아름다운 지체는 요구할 것이 없으니 오직 하나님이 몸을 고르게 하여 부족한 지체에게 존귀를 더하사 몸 가운데서 분쟁이 없고 오직 여러 지체가 서로 같이하여 돌아보게 하셨으니 만일 한 지체가 고통을 받으면 모든 지체도 함께 고통을 받고 한 지체가 영광을 얻으면 모든 지체도 함께 즐거워하나니 너희는 그리스도의 몸이요 지체의 각 부분이라"(고전 12:22~27)

이렇게 어떠한 종류의 장애이든 장애를 가진 사람들도 사회의 일부이다. 그러므로 현재 일본의 사회복지 제도는 분리가 아닌 사회 통합으로 변혁되어야 한다.

인간이 만들어 낸 과학기술은 전문화되면서 발전하여 왔다. 갈릴레이 갈릴레오(1564~1642년)는 자연계를 수학으로 설명할 수 있다면서 "신은 숫자라는 말로 자연의 책을 썼다"고 말했고, 데카르트(1596~1650년)는 "인간은 자연의 기계이고, 모든 것은 그 물질의 배열과 운동으로 설명할 수 있다"라고 생체기계론을 발표하였다. 또한 뉴턴(1642~1727년)은 기계적 자연관을 수학적으로 분석하였다. 그 후, 이 생체

기계론과 생체물질론은 자연과학의 기초가 되었으며, 건강이란 '기계로서의 인간에 고장이 없는 것'이라는 경향이 강하게 주장됐다. 이러한 생물학적 기계론의 발전으로 영혼이나 인격을 가진 인간성은 상실된 채, 인체의 각 기관, 세포, 분자, DNA 등 미세한 분야에 중점을 둔 의학이 20세기에 들어서서 급속히 진보하였다. 최근의 재활에 있어 눈부시게 발전한 분야는 의료 재활과 공학 재활로 인간을 점점 더 기계화 또는 세분화하여 가는 경향이 있다. 그래서 전인간적인 접근을 전반적인 면에서 시도할 필요가 있다. 왜냐하면 많은 장애를 가진 사람들이 전문 분화된 영역의 골짜기에서 낙담하는 경우가 많기 때문이다.

A씨는 탈리도마이드 수면제의 부작용으로 인해 양손이 부자유스러운 장애를 갖고 태어났기 때문에 장애인으로 양발을 사용해 일상 생활을 하고 있다. 양발이 양손과 같은 기능을 한다. 또 탈리도마이드에 의한 장애로 양손을 쓸 수 없는 독일의 어느 여변호사는 "전에 의사나 공학 재활 전문가들이 나에게 반강제적으로 의수를 쓰라고 권하였습니다. 그래서 나는 발로도 충분히 일상 생활을 할 수 있는데, 왜 이렇게 무겁고 불편하고 조작이 복잡한 의수를 사용하라는 것인지 이해가 되지 않아 괴로웠습니다. 인간은 양손이 있어야만 정상이라고 믿으며, 양손이 없는 사람에게 강제로 의수를 착용하게 하는 것은 양손이 있는 사람의 오만입니다. 양손이 없는 것도 개성일 수 있으며, 그 개성을 존중할 때 비로소 장애를 가진 사람도 인간다운 삶을 살 수 있게 되는 것입니다"라고 하였다.

확실히 일반적으로 신체에 장애가 있는 사람이 장애가 없는 사람과 같이 되길 바라고 많은 경우 그것을 강제적으로 요구하기도 하는데, 그런 태도의 근본은 장애를 부정하는 데 있다. 그것은 마치 인종 차별주의자들이 단지 흑인들이 자기들과 피부색이 다르다는 이유만으로 그들의 인권과 인간의 존엄성을 무시하는 것과 같다고 볼 수 있다.

참된 재활의 목적은 인간성 회복과 억압이나 차별 또는 고독으로부터의 해방이지, 장애가 없는 사람과 똑같이 행동하게·만드는 것이 아니다. 또한 각 재활의 전문 분야가 장애를 가진 사람의 모든 존재를 무시하고 부분적인 분야의 연구만 하는 것도 아니다. 따라서 의학적, 교육적, 직업적, 사회적, 공학적, 심리학적인 모든 분야의 재활은 공통의 목표를 가지고 서로를 잘 조정하여 관계를 댗으며 협력하고 협동하여야 한다. 왜냐하면 예수에 의한 재활은 종합적인 접근을 근거로 하기 때문이다.

사회 전체적인 면에서 볼 때 예수에 의한 재활의 실천 윤리는 장애를 가진 사람들을 위해서 만이 아니라 장애를 갖지 않은 사람들을 위해서도 필요하다. 동시에 그것의 실천은 개인의 내면, 인간 관계적, 대사회의 단계에서 완성되어야 한다. 그럼으로써 전 인류를 장애의 유무에 관계없이 차별에서 해방시켜 자유롭게 해야 한다.

1. 개인의 내면적 재활

인간은 무의식의 단계에서 장애에 대하여 얼마쯤은 차별적 가치관을 가지고 있다. 이러한 가치관을 나타내는 것으로 동요나 옛날이야기에 좋은 예가 있다. 일본에 잘 알려져 있는 옛날 이야기 중에 '원숭이의 사위 들어가기' 라는 이야기가 있다.[33]

어느 마을에 원숭이가 살고 있었다. 원숭이는 가난한 집안의 딸과

---

33) 『牧會の手引Ⅳ 障害を特つた人と共に』, 日本キリト敎團兵庫敎區, 1989.

결혼하였는데 그녀를 더할 수 없이 사랑하였다. 그래서 원숭이는 그녀에게 선물을 해 주기 위해 열심히 일하였는데, 어느 날 돌절구를 짊어지고 걷다가 잘못하여 강으로 떨어졌다. 그러자 원숭이는 큰 소리로 노래를 불렀다. "나는 떠내려가도 아깝지 않지만 홀로 있을 아내를 생각하니 슬프구나." 이 노래를 들은 아내도 노래를 불렀다. "원숭이는 떠내려가더라도 돌절구는 위에 남겨 놓을 것이지"라고.

여기서 원숭이는 장애를 가진 사람의 은유로 외견이 다른 사람을 원숭이라고 한 것이다. 그리고 이 옛날 이야기는 장애를 가진 사람은 인간이 아니라 뒤떨어진 계급에 속하므로 그들의 생명은 무시되어도 상관없다는 윤리관을 나타내고 있다.

사람들을 개인 내면의 단계에서부터 차별관에서 해방시키는 데는 유아기 때의 교육이 특히 중요하다. 그러므로 일본의 동요나 옛날 이야기 속의 차별적인 요소를 없애는 동시에 장애에 대한 건전한 태도를 기를 수 있는 새로운 동요나 옛날 이야기를 만들어야 한다.

일본어로 번역된 구어 성서에 보면 1984년까지는 장애를 가진 사람들에 대하여 차별적인 용어가 쓰여 있었다. 누가복음 14장 13절에 쓰여 있는 '불구자'는 지체 부자유자라는 의미로 도움이 되지 않는 인간을 의미한다. 마태복음 15장 30절에 쓰여 있는 '절름발이'는 발이 부자유한 사람을 의미한다. 마태복음 12장 22절에 나오는 '벙어리'는 말을 할 수 없는 사람을 의미한다. 이와 같이 성경에 차별적인 용어가 많이 쓰여 있었기 때문에 일본성서협회와 모든 기독교 출판사들은 이와 같은 차별 표현을 재검토하여 고쳐 써야 할 필요를 느꼈다. 그래서 신공동번역성서에서는 '몸이 부자유한 사람', '발이 부자유한 사람', '소리를 들을 수 없는 사람'이라고 고쳤다. 성서는 살아계신 하나님의 말씀이고 말은 문화이므로 차별적 상징은 하나님의 정의와 해방의 목적을 위하여 바꾸지 않으면 안 된다.

기독교 학교도 장애에 관해서 새로운 긍정적 가치관을 가질 수 있도록 장애와 하나님의 구제 그리고 해방에 대한 교육 과정을 설치해야 한다. 교회 조직은 장애에 대한 안내서를 출관하고 교회의 리더들을 장애에 대한 차별적 태도에서 해방시킬 수 있도록 세미나나 워크숍을 개최하여 해방에 대한 선교를 형성해 가야 한다.

세계보건기구(WHO)에 의하면 전세계 인구 중 10퍼센트 정도가 장애를 가지고 있다. 그러므로 교회에 모이는 사람들 중 장애를 가진 사람이 10퍼센트에 미치지 않는다면 교회가 장애를 가진 사람들을 충분히 받아들이지 않았다는 것이 된다. 아직도 장애를 가진 사람들에 대한 교회의 역할은 자선적인 태도에 있는 경우가 많다. 그들의 존재를 정식 교인으로 보지 않는 것이다. 그 결과 장애를 가진 사람들은 억압되고, 능력이나 계급에 있어서 그리고 신앙에 있어서까지 뒤떨어진 인간 취급을 받게 된다.

마리 오웬(Mary J. Owen)은 교회에서의 경험을 다음과 같이 적고 있다.[34]

내가 길을 걸을 때에는 흰 지팡이를 쓴다는 것 외에 나에 관해서 아무것도 모르는 사람이 갑자기 내게 접근해 오더니, "당신이 정말로 하나님을 믿는다면 모퉁이에 닿기 전에 당신은 눈을 뜰 수 있을 겁니다"라고 말하여 놀란 적이 있다.

---

34) Mary Jane Owen, *What's so Important About the Wrapping Paper on Our Souls?*, Rehabilitation Gazette, vol. 27, 1986.

대개의 경우 장애인은 교회 안에서 친구로 평등하게 취급되지 않는다. 교회에서조차 장애인은 구원받을 만한 신앙을 갖고 있지 못하다고 간주되고 있으며, 장애를 갖게 된 것은 자기 자신의 죄의 결과이며 신에게 벌을 받은 것이라고 생각한다. 그러므로 우리들은 자신을 먼저 그러한 차별적 태도에서 해방시키지 않으면 안 된다.

2. 인간 관계적 재활

우리들은 장애를 가진 사람들을 공경하고 다른 사람과 같은 단계에서 접근해야 한다. 이 단계의 주요한 주제는 "네 이웃을 네 몸과 같이 사랑하라"인데, 이웃을 알고 받아들이는 의사소통이 장애를 가진 이웃을 사랑하는 기초적인 수단이다.

수화나 독순술은 청각에 장애가 있는 사람, 점자나 테이프 도서관은 시각에 장애가 있는 사람들의 주된 의사소통 수단인데, 테이프 도서관은 시각에 장애를 가진 사람들뿐 아니라 다른 지체 부자유자들에게도 실로 유익한 의사소통 수단이다. 그리고 음악은 지적으로 장애를 가진 사람들에게 있어서 유효한 의사소통 수단이다.[35] 그러므로 사회에서도 점자나 수화를 쓰는 의사소통을 기본적 인권으로 인정하여야 하며,[36] 교회도 수화 통역자나 점자 성서, 찬송가 등을 구비하여야 한다. 또한

---

35) Midterm Evaluation for the International year of Disabled Persons' Action Plan, recommended, in 1986, sign language and braille are human rights, and recommended that governments and communities make them accessible to people in need.

36) 「精神薄弱」という言葉は差別的であるので、「知的障害」という新しい言葉が紹介された.

교회는 워크숍 등을 통해 기존의 봉사를 보충함으로써 지역 사회에서 기본적인 의사소통의 권리를 보장하고 촉진하는 역할을 할 수 있어야 한다. 또한 예배 형식의 내용도 장애를 가진 사람들을 포함하여 모든 사람들과 충분히 의사소통할 수 있도록 고려해야 한다.

세례를 받고 신앙고백을 할 수 있는 자격은 누구에게나 있다. 그러나 지적으로 장애를 가진 사람들은 기독교의 신앙, 신조, 교의를 이해할 수 없다는 이유로 과거에는 그것들을 받을 수 있는 자격이 인정되지 않았다. 하지만 그들도 신앙을 느낄 수 있으며, 기독교인으로서의 삶의 태도도 이해할 수 있고 기독교 정신을 가질 수 있다. 수년 전, 일본 기독교단에서는 지적으로 장애를 가진 사람들도 세례를 받고 신앙고백을 할 수 있다는 결정을 했지만 다른 교파는 그것을 계속 거부하고 있다. 특히 가톨릭 교회에서는 그것을 거부하고 있다.

가톨릭의 신학자 월터 켄(Walter Kern)은 가톨릭 교회의 장애를 가진 사람들에 대한 태도에 대해 말하고 있다.[37] 그는 장애를 가진 사람들에 대한 세례, 견신례, 성찬, 고해, 종유성사, 결혼, 성직제 등 성례전의 운영에 관해서 언급하였는데, 문제는 의사소통의 장애라고 말한다. 그리고 최초로 지적 혹은 의사소통 장애를 가진 사람들에 대하여도 다섯 가지의 성례전을 베풀어야 된다고 주장하였다. 왜냐하면 가톨릭 교회에서는 다섯 가지의 성례전을 장애를 갖지 않은 아이에게는 행하고 있었기 때문이다. 스위스 가톨릭 교회의 성직자인 말테(E. Marte)는 문자나 말이 아니라 회화에 의한 의사소통 방법을 취하면 지적 장애를 가진 사람들도 성례전을 충분히 이해할 수 있다는 것을 증명하였다.[38]

의사소통은 다른 사람과 관계를 갖기 위한 보편적인 수단이다. 그

---

37) Walter Kern, *Pastoral Ministry with Disabled Persons*, Alba, N. Y., 1985.

리고 의사소통은 문자나 말에 한정된 것이 아니고 청각, 시각, 후각 등 몸 전체의 기관을 쓸 수 있다. 예배는 창조의 중심인 하나님과의 의사소통의 장소를 공동체 교회에 속해 있는 모든 사람들이 공유하는 것이므로 설교라는 지적, 청각적인 수단만 쓸 것이 아니라, 예배에 색채, 음악, 향기, 영적 분위기, 교회 건축의 구조, 조명 그리고 서로 손을 잡거나 몸으로 말하는 보디 랭귀지로 표현하는 것을 배려하는 것도 바람직하다. 특히 청각이나 시각의 장애가 있는 사람과 지적인 장애를 가진 사람들이 예배를 드릴 때 그들에게 남아 있는 기능을 사용하여 하나님과 의사소통하는 것은 그들에게 매우 중요하며 또한 절대적으로 필요하다.

모든 감각은 유아기와 조기 아동기 때부터 중요하기 때문에 의료 봉사나 사회 봉사에서도 그것을 살릴 수 있는 의사소통의 기회가 주어져야 한다. 그리고 시설에서는 수용자에 대한 대우를 최저로 하여 인간성을 근본적으로 억압하므로 장애를 가진 유아나 아동이 가족과 같이 살 수 있는 재택 생활이 모색되어야 한다. 그리고 장애를 가진 사람들이 시설에서 나가면 자신의 가족은 물론 지역 사회의 사람들과 만나게 된다. 그 때 지역 사회의 교통 기관, 주택, 고용, 교육 등을 그들이 쉽게 이용할 수 있어야 그들도 비로소 완전한 시민으로 사회에 참가할 수 있다. 그러므로 그것이 실현될 수 있도록 노력해야 한다.

상호 관계(interrelationship)는 인격 형성에 직접적으로 영향을 준다. 따라서 장애를 가진 아이가 지역 사회에 통합될 수 있도록 기독교

---

38) E. Marte, *Education of Holy Sacraments for Mentally Handicapped:Partners in Life-the Handicapped and the Church*, ed. by Geiko Muller Fahrenholz, World Council of Churches, The Faith and Order Commission, 1979.

계의 보육원, 유치원, 초등학교, 중학교, 고등학교에서 적극적으로 장애를 가진 아이들을 받아들임으로써 장애를 가진 아이의 인격 형성을 발전시키고 다른 아이와 같이 사회성을 획득할 수 있도록 해야 한다. 또한 사회복지 기관의 직원들은 평등의식을 가지고 장애가 있는 사람들을 존중하며, 지배가 아닌 원조의 역할을 해야 할 것이다.

프랑스 장 바니에(Jean Vanier)의 라르쉬 공동체(L'Arche)는 기독교 정신에 의해 설립되었다.[39] 그는 장애를 가진 사람들을 경쟁 원리와 이기적인 현대 사회를 향한 하나님으로부터의 베풂(은혜)이라고 생각하고 있다. 또 장 바니에는 장애를 가진 사람들에 대해 이렇게 말하고 있다. "그들의 외침은 인간의 마음의 해방을 구하고 있다. 사회에서는 부자가 곧 성공이라는 가치관이 넘치고 있지만 장애를 가진 사람들의 소리에 귀를 기울이다 보면 가치관의 전환이나 해방에의 참가 의욕이 느껴질 것이다."

그러므로 라르쉬 공동체는 시설이 아니라 가족이고 가정이며, 안심하고 생활할 수 있는 장소인 것이다. 이것은 그리스도의 새로운 공동체이며, 장애를 가진 사람들을 억압과 고독으로부터 해방시키려는 시도이다. 그 곳에 모인 사람들이 꼭 전통적인 교회에서 인정받은 전통적 그리스도인일 필요는 없다. 사람은 모두 하나님의 자녀이기 때문에 그리스도인과 그렇지 않은 사람이 다를 것이 없다는 것이다.

라르쉬 공동체는 장애를 가진 사람과 그렇지 않은 사람과의 협력에 의해 운영되며, 많은 장애를 갖지 않은 사람들이 사회적 지위나 재산에 구애되는 일 없이 이 해방 운동에 참가하고 있다. 전문 사역자들은 라

---

39) Jean Vanier, The founder of the L'Arche community which exists in more than 70 communities globally, his writings include, *Community and Growth, Eruption to Hope*, etc.

르쉬 공동체의 일원이 아니지만 방문자들이나 가까운 이웃 사람들과 함께 라르쉬 공동체의 좋은 친구들이다.

장 바니에는 소수 인원의 그룹에서 성서를 읽고 그 내용에 관해서 토론을 하며, 공동 생활에서의 문제를 나누어 가지면서 양심을 일깨우는 자기 해방으로 양심화(conscientizatio=conscience—raising)에 관한 교육적 방법을 쓰고 있으며, 그의 접근법은 1960년대 중반 이후의 해방신학에 의거하고 있다.

3. 대사회적 재활

시설의 규모가 커지면 유지와 관리를 위해 많은 규칙이 필요해지므로 입소자의 자유가 제한되어 인권이 침해되는 일이 많이 있다. 이것은 시설의 본질이 독자적 가치관을 가진 계층이나 형식을 중요시하여 폐쇄 사회를 형성하고 있으며, 시설 내부의 현실은 여간해서 일반 사회에 표출되지 않기 때문이다.

1983년에 우쓰노미야(宇都宮) 정신병원의 환자에 대한 인권 침해 문제가 환자로 가장해 잠입한 신문기자에 의해서 폭로되었는데, 가히 충격적이었다. 이 병원 내에서 환자들의 사망률을 다른 병원과 비교했을 때 거의 세 배에 이르렀으며, 매일 아침 회진을 돌 때 원장이 골프채로 환자의 머리를 쿡쿡 찌르는 등 횡포가 심했다고 한다. 그리고 만일 입소자가 그런 취급에 저항하거나 예를 들어 병의 상태에 따른 식사를 요구한다던가, 또는 처우개선 같은 것을 요구하면 독방에 감금하거나 고문을 하고 심지어는 죽이기까지 했다고 한다. 이와 같은 것이 공개되고 여론이 끓어오르자 정부는 그 병원에 대한 강제 조사에 착수하였고, 그 결과 환자의 80퍼센트 이상이 병원에서 치료할 필요가 없는 것으로 진단되었다. 그 후 정부는 법률을 개정하여 모든 정신병원에 공중전화 설치를 의무화하였고 환자의 통신의 자유를 보장하는 의무를 부과했다.

일본 사회는 장애를 가진 사람들을 격리하여 마을에서 멀리 떨어진 시설에 수용하고 있다. 이런 사회적 격리나 분리는 대사회의 죄에 해당되므로 대사회의 단계에서 해방이 이루어지지 않으면 안 된다. 1960년대 중반 북미에서는 장애를 가진 사람들에 의한 소비자 운동이 전개되기 시작했다. 그리고 1963년에 케네디(J. F. Kennedy) 대통령은 시민의 권리로서 소비자의 권리를 보장했다.[40] 즉 정보 공개의 권리, 선택의 권리, 안전의 권리 그리고 의견을 말할 수 있는 권리이다.

이에 장애를 가진 사람들과 지원자들은 자신들도 사회 봉사나 의료 봉사의 소비자이므로 소비자 조직을 설립할 수 있게 되었다. 소비자 운동은 억압당하고 불리한 입장과 고독한 장애를 가진·사람들에게 힘을 가질 기회를 제공하였으며, 이로써 친구를 얻을 수 있게 하고 고립에서 해방될 수 있게 하였다. 소비자 운동은 그들을 해방시키고 다른 사람들로부터 지식과 정보를 이끌어 내었다. 또한 소비자 운동에 참가한 사람들은 귀속의식을 가질 수 있었고 사회적 지위를 얻었으며, 동료들의 상담에 의해 다른 사람을 해방시키는 방법들이 이루어졌다. 사울 알린스키(Saul Alinsky)의 해방론 중에는 억압에 대항하는 힘을 최대한으로 높인다는 것이 있다.[41] 소비자 운동은 성장해 감에 따라 사회 문제에 맞설 만한 힘을 갖게 된 것이다.

---

40) J. F. Kennedy(1917~1963年). 第35代 美國大統領(1961~1963年).

41) Saul Alinsky, *Rules for Radicals ; a Practical Primer for Realistic Radicals*, Random House N. Y., 1971.

위니펙에 거주하는 캐나다 소비자 운동의 리더인 앨런 심슨(Allan J. Simpson)은 다음과 같이 말했다.[42]

"장애를 가진 친구와 지원자 여러분! 이젠 스스로 가장 좋은 자원을 모아 사회가 칭찬할 만한 시설, 자선, 의학적 모델에 도전해야 할 때가 아닐까요? 자기 주장, 평등 고용, 충분한 수입, 기본적 인권 그리고 시민권에 기초를 둔 원조 체제를 가지고 역사적으로 자선에만 의존해 왔던 태도를 바꿔 현재의 전문가 주도에 의한 재활을 재구축하여 자립생활의 모델을 확립합시다."

이렇게 소비자 운동은 자립생활 운동에 막대한 영향을 주었다.[43]

자립생활의 모델은 새로운 재활의 하나이다. 이것은 전문가 주도의 전통적 재활이 아닌 장애를 가진 사람들을 중심으로 전개되는 것이다. 전통적 재활이 장애 자체를 문제로 보는 반면, 자립생활 재활은 전문가와 가족 등에 대한 의존과 부적절한 원조 체제 및 경제적 장애와 물리적 장애를 문제로 본다. 다시 말해 문제의 소재는 장애를 가진 사람에게 있는 것이 아니라 환경이나 전통적 재활 과정에 문제가 있다는 것이다. 자립생활 재활에서는 장애를 가진 사람도 소비자요 시민이지, 환자나 입소자로 간주하지 않는다. 그러므로 재활은 시설이 아니라 지역사회에서 전개하여 가능한 다른 시민과 같은 시민 생활을 할 수 있게 해야 한다.

---

42) Allan J. Simpson, *Consumer Groups:their Organization and Function*, 1980, Winnipeg.

43) 自立生活運動はカリフォルニア州から庫がつた. 全美初の自立生活センタ-は, バ-クレ-市に設立されている. 初代所長には四肢麻痺で車イス使用者のエド ロバ-ツ氏が就任した.

소비자 운동과 자립생활 운동은 탈시설화 운동(脫施設化運動)과 탈
의료 운동(脫醫療運動)에서 영향을 받아 인간성을 빼앗는 상황에서 해
방시키기 위한 교육을 촉진시켰으며, 드디어는 기본적 인권과 인간의
존엄 및 시민권을 획득할 수 있도록 전개되고 있다. 이와 같은 운동은
풀뿌리 단계에서 전개되어 지역을 기반으로 하는 방법을 취하고 있으
므로 교회와 교인들은 스스로를 해방시켜 이 운동에 참가해야 한다.
왜냐하면 해방자로서 예수 그리스도가 취한 방법이 정치적, 종교적, 경
제적 권위자에 대하여 민중의 힘을 쌓아가는, 그야말로 풀뿌리 운동이
기 때문이다.

이 풀뿌리 운동은 현재의 시설 복지 제도 중심의 정책을 장애연금 제
도로 전환하는 것을 목표로 하지 않으면 안 된다. 이 제도는 장애를 가
진 사람들에게 연금을 지급하여 지역에서 필요한 사회 봉사를 살 수 있
게 하는 것으로, 그렇게 되면 장애를 가진 사람들은 사회복지 기관의 고
객이 된다. 그러기 위해서는 현재의 사회복지사와 사회복지 수혜자와
의 불균형한 입장을 공평하게 다시 만들어야 할 것이다.(〈그림 8〉 참조)

사회사업가의 궁극적 목적은 일반적으로 대상자라고 불리는 사람들

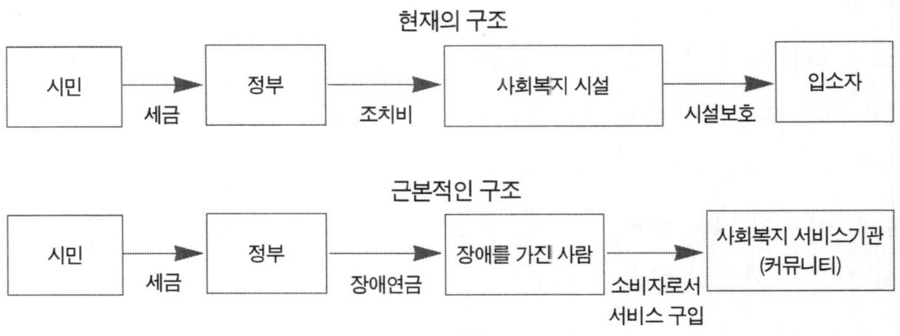

〈그림 8〉 사회 서비스의 제공 구조

의 인간성 회복, 일상 생활의 필요와 욕구의 충족 그리고 그 사람들과 더불어 성장하는 것에 있지, 결코 지도자, 교육자, 치료자로서 대상자를 조절하는 것이 아니다. 기독교 사회복지에서의 사회복지사는 이웃 사랑, 즉 대등한 입장에서 더불어 성장하는 것뿐 아니라 겸손한 자세로 이웃이 되어야 한다. 좋은 예로 성서의 선한 사마리아 사람 이야기가 있다.

전문가(professional)라고 할 수 있는 자, 즉 사람들에게 하나님의 말씀을 전하며 천국으로 이끌기 위한 교육과 훈련을 받고 사람들을 구해야 할 레위인과 교회의 중심적 역할을 하며 사람들을 하나님의 길로 이끈다는 제사장은 다친 사람을 보고도 돌보지 않고 피해 갔다. 그러나 그런 사람들로부터 천시 받던 사마리아 사람은 다친 사람을 간호하고 도와 주었는데, 아마추어(amateur)로 볼 수 있다. 예수는 이렇게 간호하고 도와 준 사마리아 사람이 다친 사람의 참된 이웃이라고 가르치고 있다. '돌보다'(Care)라는 말의 어원은 그리스어의 카라(Kara)로 '아픔을 공유한다' 는 의미를 나타낸다. 그것은 예수를 따르는 사회복지사는 아픔을 가진 사람과 그 아픔을 공유하는 것에 의해 이웃이 된다는 것이지, 단지 기독교 사회복지 시설에서 일하고 있다는 것만으로는 기독교 사회복지를 실천하고 있다고 할 수 없다는 말이다. 그리고 기독교 사회복지의 기본적 전문성이란 그 사람의 이웃이 될 수 있어야 한다는 의미이다. 불어에서 아마추어는 '사랑의 사람' 이라는 의미가 있다. 기독교 사회복지의 실천은 아픔을 가진 사람과 아픔을 공유하며 그 사람의 이웃이 되어 함께 아픔으로부터 해방되어 가는 것이지, 전문 기술이나 국가 자격이 있다고 모두 전문가라고 할 수는 없다.

필자 자신도 시설 복지에 관계하고 있다. 그러나 시설 중심의 사회복지를 최종 목표로 생각하지 않는다. 장기적 전망으로 사람들을 필요에 의해서 시설에서 해방시키는 것에 희망을 가지고 있다. 그리고 장애를 가진 사람과 갖지 않은 사람과의 차별이나 구별을 없애고 장애 복지 그 자체가 없어지기를 바란다. 그리고 정상화 이념을 일반화하여 장애를 가진 사람들도 일반 시민과 같이 사회에서 존엄성을 인정받으며 살 수 있어야 한다. 장애는 개성이고 은혜이어야 하기 때문이다.

전통적인 사회복지의 개념은 장애를 개인에게 속한 문제로 간주하였다. 따라서 장애를 극복하는 프로그램을 그 개인에게 국한하였으며, 문제의 해결에 의사, 이학요법사, 작업요법사, 사회복지사, 교육자 등이 관계하였고 치료 공간은 시설을 중심으로 하였다. 그리고 장애를 전문가가 관리하고 조절해 왔으며, 시설에서의 유순한 생활을 위하여 강제적인 훈련이 바람직하다고 생각했다. 이 전통적인 시도는 사회, 경제, 정치, 문화적으로 힘이 있는 전문가나 시설 측이 장애를 가진 사람을 항상 하위에 놓고, 그 권력 구조 속에서 약하고 보호해야 하는 존재, 자선의 대상, 아이 같은 사람으로 규정하고 있다. 이에 반하여 해방신학은 아픔을 가진 사람의 구제의 소리로부터 시작된다. 즉 해방신학에서 추구하는 사회복지는 약하고 아픔을 가진 사람을 기본으로 사회복지 봉사 체계를 구축하여 가는 것이다.

장애는 자연 환경, 사회, 경제, 정치, 문화에 의해서 만들어진다. 그리고 신체적, 정신적, 문화적인 장애는 그 사람의 개성이며, 그 개성을 부정하는 접근 방법은 인간성의 부정으로 볼 수 있다. 따라서 장애의 극복은 그 자연 환경, 사회 구조, 경제 구조 그리고 정책의 전환에 의해서 이루어져야 한다. 그래야 치료와 복지 공간을 일반 사회 영역에서 그리고 범세계적인 규모로 확대할 수 있다. 전통적 사회복지와 생활의 질, 해방신학의 시도에서 볼 수 있듯이(〈그림 9〉 참조) 해방을 목표로 하는 사회사업가는 장애를 가진 사람의 이웃으로 그들과 같이 대등한 시민이나 소비자로 성장해 가는 것이 또 장애를 가진 사람은 시민이나 소비자로서 자립 생활을 하는 것이 바람직하다.

해방신학의 시도는 그야말로 잃어버린 인간성을 되찾아 분열되어 있는 예수의 몸, 다시 말해 분리되어 있는 사회복지 체제를 통합하는 활동을 한다. 이 해방신학의 시도는 교회와 기독교 학교들도 해방의 과정으로 시설에 입거해 있는 사람이 자유롭게 교회의 각 프로그램에 참여할 수 있도록 교회의 원조 체계를 만들고, 학교도 장애를 가진 학생을 받아들여 전문 분화함으로써 교회와 학교 그리고 복지를 통합시켜야 한다.

세계보건기구의 통계로는 전 세계에 약 50억 명 이상의 장애를 가진 사람이 있다고 한다. 그리고 장애를 가진 사람의 80퍼센트가 개발도상국에서 생활하고 있는데, 현재의 해방신학은 장애를 가진 사람보다 빈

항 목	전통적 사회복지	QOL · 해방신학적 접근
1. 장애	신체적 · 정신적 기능의 결합	인 격
2. 장애의 소재	장애자	유 · 무기적 자연 환경 사회 · 경제 · 정치 · 문화 시스템
3. 장애의 처리	전문가, 시설	이웃: 교인들, 가족 친지, 시민
4. 장애의 관리	전문가, 시설	장애를 가진 자
5. 처리 공간	시 설	가정, 지역 교회, 학교
6. 장애를 가진 자의 역할	약한 자, 보호를 필요로 하는 자 자선의 대상, 아이들과 같은 자	시민, 소비자, 교인
7. 장애의 문제점	장애자	전문가에 의존 시설의 관리
8. 바람직한 상태	시설에서의 순종할 수 있는 훈련, 생활	시민, 소비자, 신자로서의 자립생활

〈그림 9〉 전통적 사회복지와 생활의 질 · 해방신학적 접근

곤자 쪽에 주된 관심을 두고 있다. 그러나 해방신학은 억압당하고 박해받고 있는 모든 사람들에게 적합하다. 그래서 본서에서는 신학이 장애에 관한 문제를 어떻게 풀어나가야 하는가를 새로운 관점에서 논하였다. 또한 현재 해방신학은 주로 사회학적 관점에서 경제나 정치에 관해서 초점을 두고 있는데, 심리학적 관점에서 접근하는 것도 똑같이 중요하기 때문에 사회적 관점과 함께 심리학적 관점에서도 인격 형성에 관해서 논하였다. 정치나 정책은 사회뿐 아니라 무의식이나 의식의 단계인 심리학의 영역에서도 깊게 뿌리내리고 있다. 그러므로 생활주기 이론은 생활의 질의 관점에서 가치관을 분석하는 척도로서 인간을 전면적으로 분석하는 데 유효한 방법이다.

장애를 가진 사람들이 정치, 경제, 사회적으로 거부되거나 소외되어 있더라도 신학과 예배에서 소외하는 것은 절대로 안 된다. 인간의 죄, 즉 하나님이나 인간으로부터의 소외와 괴로움 그리고 아픔에서 사람들을 해방시키는 것이 선교이고, 교회는 그 해방의 기지이자 기도의 장소이기 때문이다.

지금은 메이지 시대부터 교회 형성의 중심적 역할을 하여 온 지적 접근, 즉 신학과 성서 연구에 중점을 둔 방법에 대해 다시 생각해 봐야 할 시기이다. 왜냐하면 많은 사람들이 가족이나 사회(촌락과 공동체) 제도의 상호부조의 붕괴, 산업화로 인한 경쟁 사회 속에서 소외와 괴로움과 아픔을 가진 사람들이 급증하고 있기 때문이다. 게다가 65세 이상의 고령자 인구가 2025년에는 전 인구의 25퍼센트 이상이 될 것으로 추측되고 있다. 실로 일본인 네 사람 중 한 사람이 고령자라는 것인데, 이들 고령자의 대부분이 어떠한 장애를 갖게 될 것이다. 따라서 앞으로의 선교는 '지식'의 선교에서 '고침(치유)'의 선교로 바꿀 필요가 있다.

일본의 기독교 사회복지 시설의 대부분이 정부에 의한 관리 체제 안에서 기독교 정신을 잃어가고 있다. 그리고 장애를 가진 사람들의 정상화와 통합 및 기본적인 인권의 실천에 대한 새로운 방향을 찾아내려 하고 있다. 본서는 그것에 대하여 미래의 방향을 전망하는 데 도움이 될 수 있을 것이다. 해방신학과 그 원리는 기독교 사회복지 실천에 있어서 매우 의의가 있는 것이기 때문이다.

해방신학은 아동 복지, 고령자 복지, 생활 보호 그리고 지역 복지에도 충분히 공헌할 수 있다. 이제는 더욱 사회복지신학으로 전개해 가기를 바란다.

▌저자 후기

1989년, 일본 기독교사회복지학회 총회에서 요코스카 기독교사회관의 아베시토 선생이 "앞으로 기독교사회복지학회는 기본 이념과 신학적 연구가 필요합니다. 그리고 나는 이것을 후배들에게 기대하고 있습니다"라고 말한 것이 본서를 쓰게 된 계기가 되었다.

나는 그 해에 선교사로 캐나다 본국 활동에 들어가기 위한 준비의 하나로 몬트리올의 웨스턴대학의 생명윤리연구소 연구원으로 일 년간 공부를 하기로 되어 있었다. 그런데 나의 모교 워털루 루사란 신학원(윌프리드 로리에 대학)의 신학부장이며 은사인 리차드 크로스만(Richard Crossman) 박사를 방문했을 때, "신학원에서 새로운 신학 과정을 마련하였는데 학위를 딴 사람이 아직 없다. 현대의 새로운 과학 기술과 생명 윤리 그리고 국제화 경향 속에서 신학을 새롭게 조직하고 발전시킬 시기가 다가오고 있는데, 캐나다에 최초로 설치된 기독교 윤리신학 석사에 도전해 보지 않겠는가?"라는 권유에 유혹되었다. 그 과정의 자격은 실천신학 석사(M. Div)를 이수하고 현장 경험이 수년 이상 있는 사람으로 되어 있었다. 캐나다 합동 교회의 목사와 메노나이트 교회의 목사 그리고 루터교회의 목사 등이 이미 입학해 있었기 때문에, 나는 즉시 그 새로운 신학 과정에 입학 수속을 했다.

오랜 세월에 걸쳐 장애를 가진 사람에 대한 사회복지관과 병원 등에서의 경험과 일본의 의학서원에서 발표한 많은 논문들이 있었기 때문에 그것들을 정리하여 신학화하기로 했다. 나는 폴 틸리히의 조직신학을 이수하고 오랜 세월에 걸쳐 나의 은사인 델톤 그리브(Delton Greeve) 박사로부터 에릭 에릭슨의 정신 분석을 공부하였으며, 또한 종교신학을 연구하고 있었다. 여러 가지 신학적 방법을 사용하여 내가 의도하는 대로 장애를 가진 사람들의 인격 형성과 사회복지의 실천을 시험해 보았지만, 종래의 형식에 끼워 넣는 방식의 신학으로는 충분히 설명할 수가 없었다. 그렇게 신학의 밀림에서 방황한 뒤, 해방신학을 만났다. 구스타보 구티에레즈의 *The Power of the Poor in History*, *We drink From Our Wells*를 읽고 인간 해방을 사회·경제적으로 신학화하고 있는데 감동을 받았다. 그 위에 캐나다의 신학자 해리 안토나이드(Harry Antonides)의 *Stone for Bread*로 사회 복음(Social Gospel)의 역사를 배웠는데, 나는 이 새로운 해방신학의 방법을 사회심리학적 분석으로 신학화할 수 있는지에 대해 연구하였다. 그레고리 바움(Gregory Baum)은 *Religion and Alienation*으로 사회학적 신학의 시도에 힌트를 주었다. 그리고 깁슨 윈터(Gibson Winter)의 *Liberating Creation*은 사회 윤리의 틀을 가르쳐 주었고, 도널드 캔프스의 *Lifecycle Theory and Pastoral Care*에서 인간의 인격 형성 과정을 분석하고 특별히 목회학(牧會學)을 발전시키는 데 성공하였다.

이러한 연구 결과, 기독교 사회복지의 실천과 신학적 접근을 세 가지 구조로 하였는데, 첫째는 기독교로 우주를 창조하신 하나님의 보편적 가치관, 두 번째는 그 가치관을 구현하는 구조와 이데올로기를 놓고, 세 번째로는 사회복지의 실천을 놓았다. 여기서 대부분의 신학은 첫번째를 하나님을 인간의 형식에 끼워 놓고, 두 번째는 율법을, 그리고 세번째는 인간을 하나님의 가치관으로 보는 형식에 넣어 놓았다. 그러나 본서에서는 거꾸로 세 번째에서 인간을 분석하고, 그 아픔의 구조를 두 번째에서 추구하며, 그 결과를 첫번째의 성서에 비추어 보는 방법을 시도했다.

지금까지의 해방신학은 사회, 경제, 정치, 과학적 분석을 하여 왔지만, 본서는 사회심리적 분석을 하고 있다. 아마 해방신학의 과정 안에 정신 분석을 채용하여 넣은 것은 본서가 처음이라고 생각된다. 그리고 그것이 주는 의미로 현장에 있는 많은 학자들이 이 사회심리적 분석의 신학을 발전시켜 주기를 바란다. 본서는 캐나다에서 새로운 기독교 윤리의 최초의 석사 논문이 되었다. 원문은 WLU 출판 또는 캐나다의 국립도서관에서 얻을 수 있다.

일본의 기독교는 메이지 시대부터 '지식' 의 전도를 중심으로 하여 왔다. 그리고 에도 시대에는 지적 계급이고 읽고 쓰기를 할 수 있는 무사 계급은 유교의 가치관을 가지고 있었으며, 그 중심은 '학문은 덕을 이룬다' 는 사고방식이었다. 메이지 시대에 기독교로 개종하여 지도자가 된 사람들의 대부분이 유교적 교육을 받은 사람들이었을 것이고 또한, 교회에 오는 사람들도 구미의 지식을 얻기 위해서였을 것이다. 그래서 교회를 '가르칠 교(敎), 모일 회(會)' 로 번역하여 교회(敎會)가 되었던 것 같다. 교회는 주의 공동체, 즉 코이노니아이다. 사도행전에 의하면 교회는 함께 기도하고 함께 생활하며 서로 의지하면서 복음을 전하고 사람들을 치료하는 집단이다. 다시 말해 교회는 함께 사는 '공회' 이고, 협력하는 '협회' 이다.

그러나 지금은 교회만이 구미의 지식을 얻을 수 있는 곳이 아니다. 지적 필요의 충족은 대학이나 문화 센터로 확대되었다. 그러므로 앞으로 교회는 사람들의 아픔을 치료하는 집단이 될 필요가 있다.

더욱이 일본은 지금 초고령화 사회에 돌입하고 있다. 가족은 축소되고 도시에서는 상호 부조의 문화 구조가 되어 있지 않다. 그래서 고독, 차별, 신체나 마음의 아픔 그리고 죽음을 앞둔 영혼의 아픔을 가진 사람들이 급증하고 있다. 그러므로 앞으로 전도는 지식에서 치료(치유)로 그 중심을 바꿀 필요가 있다. 사람들은 의식주 문제로 고민하며 아플 때에는 충분히 하나님의 말씀을 들을 수 없다. 사도행전에도 초대교회 때부터 사회복지의 실천을 교회의 중심에 두고 있다. "그 때에 제자가 더 많아졌는데 헬라파 유대인들이 자기의 과부들이 그 매일 구제에 빠지므로 히브리파 사람들을 원망한대 열 두 사도가 모든 제자를 불러 이르되 우리가 하나님의 말씀을 제쳐놓고 공궤를 일삼는 것이 마땅치 아니하니 형제들아 너희 가운데서 성령과 지혜가 충만하여 칭찬 듣는 사람 일곱을 택하라 우리가 이일을 저희에게 맡기고…"(행 6:1~7)라고 제안하여 소홀하게 생각되는 사람이 없도록 한 것같이 기독교 사회복지의 실천에 하나님의 말씀을 빼놓을 수 없다. 21세기의 기독교 선교는 치료를 하는 사회복지가 없으면 충분한 기능을 할 수 없다. 바로 기독교 사회복지를 실천할 사람이 필요한 때이며, 그것이 교회가 크게 성장하는 열쇠이기도 하다. 교회는 목사만이 지도자가 아니다. 가르치는 것뿐 아니라 치료하는 일도 해야 하기 때문에 교회와 사회복지 간에 협력이 점점 더 필요한 것이 그 이유이다. 그리고 기독교 사회복지신학을 연구하여 주와 함께 천국을 건설하는 공동체를 만들어 가는데 본서가 교회와 사회복지의 중개 역할을 하게 되길 바란다.

기독교 사회복지의 실천은 첫째로 기도하고, 둘째로 아픔을 공유하며, 셋째로 치료하는 것이다. 그리고 분석에는 과학적인 접근이 필요하다. 기독교 사회복지의 신학 연구는 가난한 사람들을 구한다는 자선

적 태도가 아니고 함께 살고 함께 성장하는 기쁨이 되어야 한다. 그것
이 나아가서 인류의 평화와 행복을 만드는 데 기여할 것이다.

　이 후기를 쓰고 있을 때, 나는 한국인 친구 G씨의 죽음을 알게 되었
다. G씨는 제2차 세계대전 전에 제주도에서 일본으로 노동자로 끌려
와 전쟁 중 가족을 모두 잃고 혼자 남게 되자 실망하여 전차에 뛰어드
는 자살을 시도했었다. 그 결과 한 쪽 다리와 한 쪽 발의 복숭아뼈 아랫
부분을 잃었다. 하는 수없이 휠체어 생활을 하게 된 그는 일본에서 장
애인 연금도 받지 못한 채, 양로원에서 생활을 하고 있었다. 경마와 술
만이 즐거움이었던 G씨를 죽기 일주일 전에 방문하였는데, 이미 병으
로 약해져 있었다. 올해 80세가 되는 G씨의 손을 잡고 기도해 주고 싶
다고 하자, 그는 나의 손을 꼭 쥐고 함께 기도를 해 주었다. 나와의 14
년 교제 기간 중에 처음으로 함께 기도하여 준 것이었다. 그가 있는 양
로원으로 그를 찾아오는 사람은 우리 가족 외에는 아무도 없었다. 쓸
쓸히 죽어 간 G씨를 생각하면 눈물이 난다. 일본의 군국 정책이 G씨를
강제로 일본으로 데려 왔고, 한국인이라는 이유만으로 일생 동안 차별
을 받은 데다가 장애를 갖게 되자 생을 끝낸 것이다. 장애를 가진 사람
의 문제는 전쟁, 아시아 여러 나라와의 관계, 재일 한국인의 문제도 포
함되어 있다.

　본서를 번역한 요코스카 선생은 올 봄 간사이학원대학의 사회학부
박사 과정을 수료하였다. 스포츠 사고 때문에 중학생 때부터 휠체어
생활을 하고 있는 그는 손의 악력이 약해 막대에 둥근 공모양의 플라스
틱을 붙여 번역한 일본어를 한 자 한 자 컴퓨터로 쳐 주었다. 요코스카
선생님에게 마음으로부터 감사를 드리며 동시에 앞으로 큰 활동을 기
대한다.

　아베시로 선생은 본서의 서문을 써 주었다. 은사인 아베 선생께도

마음으로부터 감사를 드린다. 또한 일본에서 나에게 사회복지의 실천현장을 제공하여 준 일본 기독교사회사업동맹과 神戶 聖隷福祉事業團 여러분, 특히 長谷川力 선생, 金附洋一郎 이사장께 감사를 드린다. 나에게 대학에서 가르칠 수 있도록 해주신 간사이학원대학의 이사장인 武田建 선생께도 감사한다. 그리고 본서를 출판하는 데 일본 기독교단 세광교회의 後宮俊夫 선생, 간사이학원대학 신학부 교수인 神田健次 선생의 특별한 배려를 받았다. 또한 교단출판국의 柴崎聰 課長, 특히 田鎭夕衣子 씨에게 많은 조언과 협력을 받았다. 거듭 감사를 드린다.

1993년 7월

아키이에 · H. 니노미야(關西學院大學 綜合政策學部 教授)

■ 역자 후기

번역도 또 하나의 창작이라는 말이 실감이 나는 것 같다. 이 책을 번역하는 가운데 실감할 수 있었다. 또한 번역에 있어서 저자의 학문적 배경과 사업적 배경을 이해하는 것이 필요할 뿐만 아니라 중요하다는 것을 알 수 있었다. 독자들도 느끼는 바와 같이 저자의 신학을 배경으로 사회복지 분야 특히 장애인 복지사업에 실제로 운영과 자문을 직접 경험했음을 이 글에서 볼 수 있을 것이다. 하지만 번역을 하는 나로서는 신학적 배경도 그리 깊지 않고 사회복지 분야의 실천적 경험도 부족하기에 보다 나은 번역을 하는 데는 여러 어려움이 있었다. 그러나 이러한 것을 알면서도 굳이 이 책을 번역하려고 한 이유가 몇 가지 있다.

그 중의 하나가 일본 유학을 간 곳이 바로 저자가 직·간접으로 간여하고 있는 대학이었다. 또한 저자의 특강과 섬기고 있는 장애인 시설에 방문한 경험을 통해 저자가 학문과 실천을 겸하고 있는 분임을 알고 더욱 친근감과 존경심을 갖게 되었다. 그리고 본서는 저자가 캐나다 대학에서 박사학위를 받았던 논문이라는 말을 듣고 번역에 흥미를 갖게 되었다.

두 번째 이유는 크리스천으로서 또 신학대학의 사회복지학과에 근무하는 자로서 기독교 사회복지에 대한 관심과 이 분야에 대한 기여를 생각하지 않을수 없었다. 한국의 기독교 사회복지에 대한 필요성이 증가하고, 서비스에 대한 요구가 증가되는 가운데 이 책이 우리 나라 기독교 사회복지를 활성화하는데 기여할 부분이 크리라고 생각했기 때문이다.

또한 이 책에 관여된 분들과의 개인적인 친분을 통해 더 큰 관심을 갖게 되었다. 그 중 한 분이 추천사를 쓰신 아베 시로(阿部 志郎) 선생이다. 이분은 역자가 일본에서 유학을 잘 할 수 있도록 처음의 기틀을 붙잡아 주었고, 지금까지도 나에게 음양으로 관심을 보여 주고 있다. 또 현직 교수로 재직하다가 복지관 관장으로의 부임을 요청받았을 때 교수직을 사직하고 흔쾌히 결심하신 분이며, 일본에서 보기 드문 크리스천으로 학문과 실제를 겸비하고 일본의 사회복지계를 실제로 앞장서서 이끌어가고 있다. 또 원래 논문은 영어로 쓰여졌던 것을 저자가 아끼는 후배에게 일본어로 번역하게 했는데, 번역을 한 사람은 역자가 유학 시절에 같은 지도 교수 밑에서 공부했던 요꼬스까 준지(橫須賀 俊司)이다. 그는 중증 장애를 갖고 있으면서도 장애인 복지를 위한 대단한 애착 때문에 더욱 동료애를 느끼게 하는 학우였다.

여하튼 기독교 사회복지의 자료가 필요한 한국의 실정에서 이 책이 많은 기여를 할 것으로 기대되며, 이를 바탕으로 한국의 기독교 사회복지가 발전되기를 바라는 마음이 가득하다.

하나 밝혀야 할 것은 이 책의 번역 허가를 일본 유학중에 원저자와 일본어 역자에게 받았으나, 일본 유학을 마치고 돌아와서 여러 가지 일에 관여를 하다보니 많은 시간이 지체된 것에 대해 이분들에게 죄송한 마음을 전하는 바이다.

이 책을 번역하는 가운데 여러 분들의 도움을 받았다. 그 중 한 분이 바로 이은실 선생님이다. 이 분의 도움이 없었더라면 이 책의 출판이 거의 불가능했을지도 모를 정도로 너무나 많은 신세를 졌다. 또 항상 옆에서 부족한 나를 염려하고 궂은 일까지도 도맡아 준 서울신학대학 기독교사회복지연구소 식구들인 양재언 전도사와 오혜란 조교에게도 늘 감사를 드리며, 아울러 출판을 흔쾌히 허락하신 예영커뮤니케이션의 김승태 사장님과 편집부 모두에게도 깊은 감사를 드린다.

1999년 10월

全 光 鉉(서울神學大學校 社會福祉學科 敎授)

■ 참고문헌

Alinsky, Saul. *Rules for Radicals : A Practical Primer for Realistic Radicals.* N. Y. : Random House, 1971.

Antonides, Harry. *Stone for Bread : The Social Gospel and Its Contemporary Legacy.* Jordan Station, Ontario : Paideia Press, 1985.

Basabe, Fernando. *Japanese Religious Attitudes.* N. Y.: Orbis, 1972.

Baum, Gregory. *Religion and Alienation : A Theological Reading of Sociology.* N. Y. : Paulist Press, 1975.

Benedict, Ruth. *The Chrysanthemum and the Sword : Patterns of Japanese Culture.* Boston : Houghton Mifflin, 1989.

Boff, Leonardo., and Boff, Clodovis. *Introducing Liberation Theology.* N. Y. : Orbis, 1989.

Bonino, Miguez. *Toward A Christian Political Ethics.* Philadelphia : Fortress Press, 1988.

Byrnes, Joseph. *The Psychology of Religion.* N. Y. : Free Press, 1984.

Carter, Betty., and McGoldrick, Monica. *The Changing Family Life Chcle : A Framework for Family Therapy.* Toronto : Allyn and Bacon, 1989.

Cassell, Eric J. *The Healer's Art : A New Approach to the Doctor—Patient Relationship.* N. Y. : J. B. Lippincott, 1976.

Derksen, Jim. *The Disabled Consumer Movement.* Winnipeg : COPOH, 1980.

Disabled Peoples International, Asia-Packfic Region. *Equalization of Opportunities.* Bangkok, Thailand : DPI. AP. 1988.

Dychtwald, Ken. *Age Wave.* Los Angeless: Jeremy P. Tarcher, 1989.

Erikson, Erik H. *Childhood and Society.* N. Y. : W. W. Norton, 1963.

----------- . ed. *Adulthood.* N. Y. : W. W. Norton, 1978.

----------- . *Identity and the Life Cycle.* N. Y. : W. W. Norton, 1980.

----------- . *The Life Cycle Completed.* N. Y. : W. W. Norton, 1985.

----------- . Erikson, Joan., Kivnick, Helen Q. *Vital Involvement in Old Age.* N. Y. : W. W. Norton, 1986.

Ferm, Dean William, ed. *Third World Liberation Theologies.* N. Y. : Orbis, 1986.

Glasser, William. *The Identity Society.* N. Y. : Harper & Row, 1975.

Goffman, Erving. *Stigma : Notes on the Management of Spoiled Identity.* N. Y. : Prentichall, 1963.

Gutierrez, Gustavo. *A Theology of Liberation.* N. Y. : Orbis, 1973.

----------- . *On Job : God-talk and the Suffering of the Innocent.* N. Y. : Orbis, 1988.

----------- . *We Drink From Our Own Wells.* N. Y. : Orbis, 1984.

----------- . *The Power of the Poor in History.* N. Y. : Orbis, 1982.

花田春兆 {もつ一つの太平洋戰爭}, 朝日新聞社, 1980.

Illich, Ivan D. *Limits To Medicine : Nedical Nemesis : The Expropriation of*

Health. Toronto : McClelland and Stewart, 1976.

----------- . *Celebration of Awareness : A Call for Institutional Revolution.* N. Y. : Anchor, 1970.

Kern, Walter. *Pastoral Ministry with disabled Persons.* N. Y. : Alba, 1985.

Kohs, S. C., *The Roots of Social Work.* N. Y. : Association Press, 1966.

Laing, R. D. *The Politics of the Family.* Toronto : CBC Enterprises, 1983.

高度成長期を考える會 {誕生から死までの物語}, 日本エディタ-スク-ル出版部, 1985.

南博編 {日本人の人間關係事典}, 講談社, 1980.

Muller-Fahrenholz, Geiko. ed., *Partners in Life : The Handicapped and Church.* Geneva : World Council of Churches(WCC), 1979.

Nerin, William F. *Family Reconstruction : Long Day's Journey Into Light.* N. Y. : Norton, 1986.

Neufeldt, Aldred. ed., *Celebrating Differences.* Newton, Kansas : Mennonite Publishing, 1984.

{社會福祉の轉換期-コソシュ-マ-運動}, 日本キリスト教社會福祉學會, 1983.

Akiie · H. Ninomiya. *Japanese Attitudes Towards Disabled People : Religious Aspect.* Tokyo : The Japan Christian Quarterly, 1986.

ニノミヤ・アキイエ・ヘソリ- [醫療におけるQOL], 醫學書院, {病院} 46권 9112호, 47권 2호, 5호, 7호.

Ogletree, Thomas W. *The Use of the Bible in Christian Ethics.* Philadelphia : Fortress, 1983.

----------- . *Hospitality to the Stranger.* Philadelphia : Fortress, 1985.

Owen, Mary Jane. *What's so Important About the Wrapping Paper on Our Souls?* N. Y. : Rehabilitation Gazette Vol. 27, 1986.

Pumphrey, Muriel. *The Teaching of values and Ethics in Social Work Education*. N. Y. : Council on Social Work Education, 1959.

Rendtorff, Trutz. *Ethics : Basic Elements and Methodology in an Ethical Theology*. Philadelphia : Fortress, 1986.

Russell, Philippa. *Wheelchair Child*. Englewood Cliffs, N. J. Prentice-Hall, 1985.

Toennies, Ferdinand. *Community and Society*. N. Y. : Harper and Row, 1957.

Toffler, Alvin. *The Third Wave*. N. Y. : William Morrow, 1980.

Vanier, Jean. *Community and Growth*. N. Y. : Paulist Press, 1989.

---------- . *Eruption to Hope*. Toronto : Griffin Press, 1971.

Walsh, Froma. ed., *Normal Family Processes*. N. Y. : Guilford, 1982.

Winter, Gibson. *Liberating Creation : Foundations of Religious Social Ethics*. N. Y. : Crossroad, 1981.

山田經三, ルーベン・アビト {解放の神學が問いかけるもの}, 女子パウロ會, 1986.